Sprachgeschichte

LinguS 3

LINGUISTIK UND SCHULE

Von der Sprachtheorie zur Unterrichtspraxis

Herausgegeben von
Sandra Döring und Peter Gallmann

Agnes Jäger/Katharina Böhnert

Sprachgeschichte

narr\f
ranck
e\atte
mpto

Bibliografische Information der Deutschen Nationalbibliothek
Die Deutsche Nationalbibliothek verzeichnet diese Publikation in der Deutschen Nationalbibliografie; detaillierte bibliografische Daten sind im Internet über http://dnb.dnb.de abrufbar.

Dischingerweg 5 · D-72070 Tübingen

Internet: www.narr.de
E-Mail: info@narr.de

Satz: pagina GmbH, Tübingen
Printed in Germany

ISSN 2566-8293
ISBN 978-3-8233-8165-5

Inhalt

1 Warum Sprachgeschichte in der Schule?

Sprachgeschichte und Sprachwandel begegnen uns nahezu täglich. Welche der beiden Varianten, *ich habe gewinkt* oder *ich habe gewunken*, ist korrekt? Heißt es *des Nachbars* oder *des Nachbarn* – und wieso eigentlich? Darf man *wegen* mit Dativ (*wegen dem Wetter*) nur mündlich oder auch schriftlich verwenden? Muss bei *brauchen* immer ein *zu* stehen (*du brauchst nicht* (*zu*) *kommen*)? Sind *weil*-Sätze mit Verbzweitstellung eigentlich zulässig (*weil sie hat ihren Schlüssel verloren*)? Warum sagen manche Leute *größer wie* und andere *größer als*?

Über diese und ähnliche Fragen stolpern wir im Alltag, wenn wir Sprache (z. B. Tempus- oder Kasusformen) korrekt gebrauchen möchten oder über Sprache reflektieren. Auch die konstant hohe Anzahl an populärwissenschaftlichen Veröffentlichungen zu den Themen Sprache und Sprachwandel zeugt von einem breiten Interesse an sprachbezogenen Fragestellungen, insbesondere der Frage danach, wie sich Sprache verändert. Wie mehrere sprachwissenschaftliche Studien (z. B. Andresen 2011, Oomen-Welke 1998) gezeigt haben, sind bereits Kinder im Vorschulalter neugierig, woher Sprache kommt und wie sie sich verändert hat. Dieses „natürlich[e] Interesse" (Andresen 2011: 16) an Sprache und Sprachwandel gilt es zu nutzen und Sprachgeschichte auch im Unterricht, z. B. zur Erläuterung von Herkunft und Wandel sprachlicher Phänomene, funktional einzusetzen. Angesichts der Andersartigkeit der historischen Vorstufen unserer Sprache kann die Thematisierung von Sprachgeschichte in der Schule dazu beitragen, das vermeintlich Selbstverständliche zu reflektieren, sprachliche Variation als durch Sprachwandel bedingt zu begreifen und aktuelle Wandeltendenzen vor dem historischen Hintergrund angemessen zu beurteilen.

Dass sich Sprachgeschichte und Sprachwandel gewinnbringend in den Unterricht integrieren lassen, zeigen etliche neuere fachdidaktische Publikationen, die Beispiele für den Unterrichtseinsatz enthalten (u. a. Feilke 2000, Elspaß 2007, Siehr 2009, Tophinke 2009, Rödel 2011, Böhnert 2017). Betrachtet man jedoch, ob und wie Sprachgeschichte und Sprachwandel – ungeachtet des Stellenwerts in der Fachdidaktik – tatsächlich auch im Unterricht eingesetzt werden, muss man feststellen, dass sprachgeschichtliche Themen nach wie vor ein unterrichtspraktisches Randdasein fristen (Feistner et al. 2006, Schwinghammer 2013, Böhnert 2017: 94–107). Sollen Sprachgeschichte und Sprachwandel (wieder) vermehrt in den Unterricht integriert werden, darf dieser Unterrichtseinsatz kein fachwissenschaftlicher Selbstzweck sein. Bereits im Studium muss Sprachgeschichte mit explizitem Bezug zur Gegenwartssprache und zur Schule thematisiert werden. Ziel des vorliegenden Bandes *Sprachgeschichte* in der Reihe *Linguistik und Schule* (*LinguS*) ist es, aufzuzeigen, wie sich sprachgeschichtliche Themen in den Deutschunterricht einbeziehen lassen, und damit einen an der schulischen Praxis des Deutschunterrichts ausgerichteten Überblick zu Sprachgeschichte und Sprachwandel für Lehramtsstudierende, Referendare[1] und Lehrkräfte zu geben. Das Buch eignet sich entsprechend sowohl als Lehrbuch in der Hochschullehre als auch zum Selbststudium. Etliche Anwendungsbeispiele und Aufgaben lassen sich zudem unmittelbar im Schulunterricht verwenden.

1.1 Verankerung in Lehrplänen und Lehrwerken

Sprachgeschichte und Sprachwandel sind in allen bundesdeutschen Curricula fest verankert, d. h. Kompetenzen wie „ausgewählte Erscheinungen des Sprachwandels kennen und bewerten“ (Bildungsstandards für den Mittleren Schulabschluss 2003: 16) oder über einen „exemplarisch[en] Einblick in die Sprachgeschichte“ verfügen (Kernlehrplan Nordrhein-Westfalen Sek. I: 50) finden sich im sprachreflexiven Kompetenzbereich an zentraler Stelle. Geht man folglich von einer Legitimation qua Institution aus, sind alle Voraussetzungen für den Unterrichtseinsatz gegeben bzw. wird dieser sogar curricular verpflichtend festgeschrieben. Entsprechende Formulierungen sind in den Kernlehrplänen sämtlicher Bundesländer enthalten, wobei im Detail u. a. Unterschiede bestehen, ab welcher Klassenstufe Sprachgeschichte und Sprachwandel im Deutschunterricht thematisiert werden sollen (in Thüringen z. B. bereits ab Klasse 5, in Nordrhein-Westfalen ab Klasse 7). Sprachgeschichte und Sprachwandel sind auch immer einmal wieder Thema im Abitur. Sprachgeschichts- und sprachwandelbezogene Themen sind jedoch durchaus nicht nur in der Sekundarstufe, sondern über die gesamte Schullaufbahn hinweg relevant und in den Unterricht gewinnbringend integrierbar (Hess / Mühlbauer 2011).

Entsprechend der curricularen Verankerung enthalten auch die Lehrwerke (Unter-)Kapitel zu sprachgeschichts- und sprachwandelbezogenen Themen, die jedoch sowohl in inhaltlicher als auch in didaktisch-methodischer Hinsicht teils recht eingeschränkt sind: Inhaltlich dominieren Themen des semantischen und lexikalischen Wandels, z. B. Anglizismen; methodisch finden sich v. a. analytische Aufgabenstellungen wie die Analyse von sprachwandelbezogenen Sachtexten.

1 Hier und im Folgenden verwenden wir maskuline Formen im generischen Sinn.

Im vorliegenden Band soll demgegenüber aufgezeigt werden, dass das Thema Sprachgeschichte und Sprachwandel zum einen inhaltlich eine größere Bandbreite aufweist, zum anderen auch didaktisch vielseitiger aufbereitet werden kann. Im Aufbau orientieren wir uns dabei an den in den Bildungsstandards und Kernlehrplänen formulierten und in der Unterrichtspraxis relevanten Bereichen des Fachs Deutsch.

1.2 Fächer- und lernbereichverbindendes Lernen

Sprachgeschichte und Sprachwandel bieten ideale Anknüpfungspunkte für andere Fächer und für andere Lernbereiche im Fach Deutsch. Im **grammatischen Lernbereich** lassen sich bspw. viele Phänomene besser erklären, wenn man eine sprachgeschichts- bzw. sprachwandelbezogene Perspektive hinzuzieht. Beispiele hierfür sind die eingangs genannten Zweifelsfälle hinsichtlich der Verbflexion (*ich habe gewinkt* vs. *ich habe gewunken*), Nominalflexion (*des Nachbars* vs. *des Nachbarn*) oder der Kasusrektion (*wegen dem Wetter* vs. *wegen des Wetters*), aber auch syntaktische Fragen (z. B. Verbstellung in *weil*-Sätzen). In diesen und vielen weiteren Fällen treten bei Sprechern Zweifel auf, welche von beiden Varianten standardsprachlich korrekt ist (vgl. Kap. 3.4, Kap. 4): Ist nur eine oder sind möglicherweise beide Varianten korrekt? Muss man bei der Frage danach, welche Variante korrekt ist, zwischen mündlichem und schriftlichem Sprachgebrauch unterscheiden? Im **orthographischen Lernbereich** vermittelt ein Blick auf die Sprachgeschichte ein vertieftes Verständnis der Systematik und eigener Unsicherheiten z. B. bei der Interpunktion, Groß- und Klein- oder Getrennt- und Zusammenschreibung (Kap. 5).

Neben dem sprachlichen lässt sich Sprachgeschichte auch mit dem **literarischen Lernbereich** verknüpfen. In kanonischen deutschen Texten stolpert man als Leser über sprachliche Besonderheiten, so z. B. wenn Gretchen in Goethes *Faust* den sozial höherstehenden Faust ehrerbietig mit *Ihr* anredet, er sie aber duzt. Weiterhin findet man in älteren Texten nicht mehr gebräuchliche Wortbedeutungen (*billig* im Sinn von ‚rechtmäßig, angemessen' etc.), veraltete Flexionsformen (*ward* statt *wurde*) oder auch Satzstrukturen (*des Pudels Kern*, *Röslein rot*). Diese für Schüler fremden sprachlichen Strukturen und Bedeutungen können im Unterricht aufgegriffen und für eine Vertiefung des literarischen Textverständnisses nutzbar gemacht werden. Die sprachhistorische Einbettung von Wortformen und -bedeutungen ermöglicht teilweise erst das Textverständnis und trägt zudem dazu bei, Sprache in ihrem sozial-, kultur- und mentalitätsgeschichtlichen Kontext zu lesen, und eröffnet so ein sprachliches „Fenster zur Geschichte" (Hermanns 2001: 573).

Historische Bewusstseinsbildung findet neben dem Deutschunterricht auch in anderen Fächern statt – etwa im Geschichtsunterricht oder in den Fremdsprachen, wenn in der Oberstufe auch mit älteren Texten gearbeitet wird. Hier bieten sich Gelegenheiten für **fächerübergreifendes und -verbindendes Lernen**, indem etwa die Verflechtung von historischen Ereignissen (z. B. die Erfindung des Buchdrucks, vgl. Kap. 6.2) mit Prozessen des Sprachwandels deutlich gemacht oder gezeigt wird, inwiefern es in der Geschichte anderer Sprachen zu ähnlichen oder auch unterschiedlichen Entwicklungen gekommen ist (z. B. im Englischen ebenfalls erste Lautverschiebung, aber nicht erfolgte zweite Lautverschiebung, s. Kap. 2.2, unterschiedlicher Bedeutungswandel, vgl. Kap. 6.1).

1.3 Sprachhistorische Bewusstseinsbildung

Die Thematisierung von Sprachgeschichte und Sprachwandel ermöglicht eine Distanznahme zur eigenen Sprache. Schüler erkennen, dass sprachliche Formen, die sie ganz selbstverständlich verwenden, auf eine oftmals mehrere hundert bis tausend Jahre alte Geschichte zurückblicken (vgl. Kap. 2). Durch den Vergleich mit dem historisch Anderen lässt sich der eigene Sprachgebrauch analysieren und reflektieren, was zu einem vertieften Verständnis für gegenwartssprachliche Strukturen und Gebrauchsweisen führt. So trägt Sprachgeschichte auch dazu bei, sprachliche Varietäten, z. B. regionale (Dialekte) oder soziolektale Varietäten (Jugendsprachen), besser zu verstehen (vgl. Kap. 3.3, 4.2). Unterschiede sprachlicher Varietäten zur Standardsprache sind etwa durch einen im Gegensatz zur Standardsprache nicht erfolgten oder zusätzlich zur Standardsprache erfolgten Sprachwandel bedingt.

Ebenso spannend kann ein Blick in den Erst- bzw. Zweitspracherwerb sein. Sprachliche Fehler der Lernenden im Spracherwerb, wie z. B. die Übergeneralisierung der schwachen Verbflexion (*fangte* statt *fing* etc.) oder die Übertragung von Pluralflexiven auf andere Nomen (*Mutters*, *Büsse* etc.), gehen häufig in die gleiche Richtung wie bestehende Sprachwandeltendenzen und setzen sich teils als Wandel in der Sprache durch (s. Kap. 3.1). Hiermit verbunden ist die Einsicht, dass Sprache stetigem Wandel unterliegt und auch künftig unterliegen wird. Sprachgeschichtliche Kenntnisse tragen also entscheidend dazu bei, sprachliche Veränderungen wie etwa den Gebrauch von Anglizismen (*Das ist doch gefaket!*) oder die *würde*-Umschreibung für den Konjunktiv (*wenn du das hören würdest*) nicht als Zeichen von ‚Sprachverfall', sondern als natürliche Prozesse des Sprachwandels wahrzunehmen und somit aktuelle Wandeltendenzen qualifiziert zu beurteilen. Eine zentrale Erkenntnis besteht hier darin, dass das, was wir heute als Veränderung in der Sprache wahrnehmen, sich teilweise in ähnlicher Art schon seit Jahrhunderten verändert (vgl. u.a. Kap. 3.2, 4.3).

Ebenso interessant kann es für Schüler sein, sich der eigenen Rolle in Sprachwandelprozessen bewusst zu werden. An dieser Stelle lässt sich gut mit spracherforschenden und -entdeckenden Zugriffen auf Sprache und Sprachwandel arbeiten. Die Lernenden werden zu Sprachforschern, die sich – auf der Grundlage ihrer eigenen Sprachkompetenz und Spracherfahrungen – auf die Suche nach sprachlichen Veränderungen machen (*Habt ihr das auch schon mal so gehört? Wie sagt man das noch? Wie sagen eure Großeltern? Wie sagt man in anderen Dialektgebieten?*). Insofern gerade Nichtstandardvarietäten wie z.B. Dialekte, Umgangssprache oder Jugendsprachen besonders innovationsfreudig sind, lassen sich im Sprachgebrauch hier teilweise bereits in kurzen Zeitabschnitten spannende Veränderungen beobachten. Ob eine neue Konstruktion auch im Standarddeutschen als akzeptiert gilt, entscheiden wiederum auch vorwiegend Sprachnutzer und nicht etwa ‚Sprachautoritäten' wie bspw. Kodifizierer, Modellsprecher oder Sprachexperten (vgl. Hundt 2009). So führte etwa die Stigmatisierung des Dativs nach *wegen* durch Kodifizierer und Experten keineswegs dazu, dass diese Konstruktion aus dem Sprachgebrauch verschwand. Durch den Einbezug einer sprachgeschichts- und sprachwandelbezogenen Perspektive wird deutlich, dass auch standardsprachliche Normen grundsätzlich dynamisch und veränderbar sind.

1.4 Aufbau des Buches

Das hier einleitend vorgestellte didaktische Potenzial von Sprachgeschichte soll in den folgenden Kapiteln aufgegriffen und vertieft werden. Dabei orientieren wir uns im Aufbau insbesondere an zentralen Lernbereichen des Unterrichtsfachs Deutsch. Zunächst wird ein Kurzüberblick über die deutsche Sprachgeschichte gegeben (Kap. 2): Woher kommt unsere Sprache und wie hat sie sich über die Jahrhunderte bis heute entwickelt? Anschließend wird beispielhaft skizziert, wie sich sprachgeschichtliche Fragestellungen lernertragreich in den sprachreflexiven Kompetenzbereich integrieren lassen (Kap. 3): Wie und warum verändert sich Sprache? Welche Rolle spielt hierbei der Einfluss anderer Sprachen? Gab es schon immer Dialekte im Deutschen und wie sind die Unterschiede zwischen den Dialekten zu erklären? Wie entstehen eigentlich Sprachnormen und sind Zweifelsfälle ein Zeichen sprachlicher Inkompetenz?

Hieran anknüpfend werden exemplarisch grammatische Themenkomplexe beschrieben, die unter sprachgeschichtlicher Perspektive im Deutschunterricht behandelt werden können (Kap. 4): Warum gibt es im Deutschen so viele verschiedene Pluralendungen und was haben Zweifelsfälle bei Kasusformen im heutigen Deutschen mit der Sprachgeschichte zu tun? Was hat der Satzbau im Althochdeutschen mit Kiezdeutsch gemeinsam? Wie entstehen Hilfs- und Modalverben? Auch in den orthographischen Lernbereich lässt sich Sprachgeschichte integrieren (Kap. 5): Wie haben sich Interpunktionszeichen wie das Komma in der Geschichte unserer Sprache entwickelt und inwiefern kann das zu einem besseren Verständnis von Fehleranfälligkeit in bestimmten Kontexten beitragen? Wie hat sich die Großschreibung der Nomen entwickelt? Wie sah es in der Geschichte des Deutschen mit der Getrennt- und Zusammenschreibung aus? Unter lexikalischer Perspektive kann Sprachgeschichte als Reflex von Sozial-, Kultur- und Mentalitätsgeschichte betrachtet werden (Kap. 6): Wie und warum verändert sich die Bedeutung von Wörtern? Welchen Einfluss haben neue Medien auf die Sprache? Warum *siezen* sich Deutsche und ‚*ihrzen*' sich Franzosen bei der höflichen Anrede? Zu allen Kapiteln gibt es am Unterricht orientierte Aufgaben mit Lösungsskizzen. Ein Resümee der vielfältigen sprachgeschichtlichen Themengebiete, das den Kompetenzzuwachs der Schüler noch einmal darstellt (Kap. 7), bildet den Abschluss von *LinguS 3 – Sprachgeschichte.*

Wir danken den Reihenherausgebern und zahlreichen Kollegen, die mit hilfreichen Kommentaren zu diesem Buch beigetragen haben.

2 Herkunft und Geschichte unserer Sprache

2.1 Vorgeschichte unserer Sprache

Woher stammt unsere Sprache? Wie hat man eigentlich vor 500 Jahren, vor 1000 Jahren oder noch früher gesprochen? Seit wann gibt es die Sprache überhaupt? Wie hat sie sich entwickelt? All dies sind Fragen, die auch Schüler sehr interessieren. Ihre Thematisierung in der Schule trägt zur Schaffung eines Bewusstseins für die historische Dimension von Sprache und für den Sprachwandel bei: Auch früher schon gab es Sprache. Sie hat sich über die Jahrhunderte und Jahrtausende ständig gewandelt, und so ist aus uns fremd erscheinenden historischen Vorstufen unsere heutige Sprache geworden, die sich ebenfalls weiter wandelt. Den Schülern einen Einblick in die Sprachgeschichte zu gewähren, ermöglicht damit auch die Wahrnehmung des Fremden als Ursprung des Eigenen.

Die Sprache ist ein grundlegendes Charakteristikum des Menschen. Ihre Anfänge reichen bis in die prähistorische Zeit zurück. Da aus dieser Zeit leider nichts Sprachliches erhalten ist, lässt sich über den Zeitpunkt, ab wann es Sprache gab, und erst recht über die Eigenschaften dieser Sprache nur spekulieren. Vermutlich haben sich bereits die Urmenschen vor rund einer Million Jahren mit einfachen Rufen und Grunzlauten in Kombination mit Mimik und Gestik verständigt. Knochenfunde deuten aber darauf hin, dass die körperlichen Voraussetzungen des Sprechens (Größe des Gehirns, Nervensteuerung der Atmung etc.) erst später gegeben waren. Von einer Sprache im heutigen Sinn kann man daher wohl erst bei den Steinzeitmenschen vor rund hunderttausend Jahren ausgehen. Konkretere Aussagen lassen sich erst auf der Grundlage archäologischer Funde von sprachlichen, d. h. schriftlichen Zeugnissen treffen. (Gegenüber dem in der Schule zum Thema Sprachursprung oft gelesenen, in sprachhistorischer sowie in anthropologischer und sprachphilosophischer Hinsicht überholten Text „Über den Ursprung der Sprache“ von Johann Gottfried Herder geben z. B. Ehlich (2000), Nützel (2007: Kap. 1) oder Pinker (1998: Kap. 11) in für Schüler ansprechender Weise den aktuellen Wissensstand wieder.)

Was die deutsche Sprache angeht, lässt sich ihre Vorgeschichte bis ins **Urindogermanische** zurückverfolgen. Auch diese vor etwa 6000 Jahren vermutlich nördlich des Schwarzen Meeres gesprochene frühe Sprachform ist nicht in konkreten sprachlichen Zeugnissen erhalten. Auf der Grundlage der ältesten Zeugnisse der aus dem Urindogermanischen entstandenen Einzelsprachen, die teilweise bereits seit dem zweiten Jahrtausend vor Christus schriftlich belegt sind, lässt sie sich aber in Teilen rekonstruieren. Man kann bspw. über den Vergleich von Entsprechungen eines Wortes in verschiedenen frühen indogermanischen Sprachen und auf Grundlage dessen, was man aus der sprachhistorischen Forschung über Regularitäten des Lautwandels weiß, erschließen, wie das entsprechende Wort in etwa im Urindogermanischen gelautet haben muss.

Nicht nur zwischen den frühesten überlieferten indogermanischen Sprachen, sondern bis in die heute noch gesprochenen Nachfolgeformen dieser Sprachen lässt sich trotz des über die Jahrtausende erfolgten ständigen Wandels die enge sprachliche Verwandtschaft noch nachvollziehen. So bestehen auffällige lexikalische Übereinstimmungen insbesondere im Grundwortschatz z.B. bei Bezeichnungen für Haustiere, Stoffbezeichnungen, Verwandschaftsbezeichnungen oder Zahlwörter, die über das, was sich rein zufällig oder durch Sprachkontakt (Entlehnung s. Kap. 3.2) an Übereinstimmungen ergeben könnte, hinausgehen. Auf dieser Grundlage ist anzunehmen, dass viele Sprachen von Europa bis Indien und darüber hinaus verwandt sind, eine Sprachfamilie – eben **die indogermanischen (oder indoeuropäischen) Sprachen** – bilden und einen gemeinsamen Ursprung haben (vgl. Abb. 1). Das sieht man bspw. an den in (1) gegebenen Entsprechungen des Wortes ‚drei' in verschiedenen heutigen und historischen Sprachen:

(1) a. Deutsch *drei* – Englisch *three* – Gotisch *þreis* – Lateinisch *trēs* – Griechisch *treĩs* – Russisch *tri* – Italienisch *tre* – Walisisch *tri* – Litauisch *trŷs* – Altindisch *tráyas*
b. Baskisch *hiru* – Ungarisch *három* – Finnisch *kolme* – Türkisch *üç* – Georgisch *sam*

Die unter (a) aufgelisteten Entsprechungen zeigen deutliche Ähnlichkeiten – es handelt sich jeweils um indogermanische Sprachen. Die im gleichen geographischen Raum gesprochenen Sprachen in (b) zeigen dagegen deutliche Unterschiede. Sie gehören zu anderen Sprachfamilien. Im Unterricht lässt sich hier sehr gut die Mehrsprachigkeit vieler Schüler nutzen, um ähnliche Vergleiche zwischen Wörtern des Grundwortschatzes verschiedener indogermanischer und nicht-indogermanischer Sprachen anzustellen, wodurch die Schüler gleichzeitig im schulischen Kontext eine Wertschätzung von Sprachkompetenzen und Mehrsprachigkeit erfahren. Im Internet sind für viele Sprachen Online-Wörterbücher verfügbar, mithilfe derer die Schüler im Sinn des forschenden Lernens als ‚Sprachforscher' ähnliche Vergleiche vornehmen können. Zudem bietet sich fächerübergreifender, ggf. projektartiger Unterricht mit den Fremdsprachen an.

Viele, aber nicht alle in Europa und angrenzenden Regionen in Asien gesprochene Sprachen sind also indogermanische Sprachen. Dazu gehören etwa die slawischen, romanischen, keltischen und baltischen Sprachen sowie Griechisch, Albanisch, Armenisch, iranische Sprachen wie Farsi oder Kurdisch und viele indische Sprachen wie Hindi. Etliche indogermanische Sprachen wie das in Funden aus dem Gebiet der heutigen Türkei nachgewiesene Hethitisch oder das im heutigen China archäologisch nachgewiesene Tocharisch sind zwar historisch belegt, sind jedoch ausgestorben. Die innerhalb der indogermanischen Sprachfamilie am engsten mit dem Deutschen verwandten Sprachen sind die **germanischen Sprachen**, die in Abb. 1 in der Art eines Stammbaums in ihrer Verwandtschaft und Entwicklung näher dargestellt sind. Auch sie gehen auf einen gemeinsamen Ursprung, das Urgermanische (Gemeingermanische), zurück, das wohl um 1000 bis 500 v. Chr. gesprochen wurde, aber nicht schriftlich überliefert ist. Zu den heute noch gesprochenen germanischen Sprachen zählen neben dem Deutschen auch Englisch, Niederländisch, Dänisch, Schwedisch, Isländisch usw. Andere wie das Gotische, von dem die ältesten umfangreichen Belege einer germanischen Sprache vorliegen (Teile einer Bibelübersetzung aus dem 4. Jahrhundert n. Chr.), haben keine Nachfolgeformen in heutigen Sprachen, sind also ausgestorben.

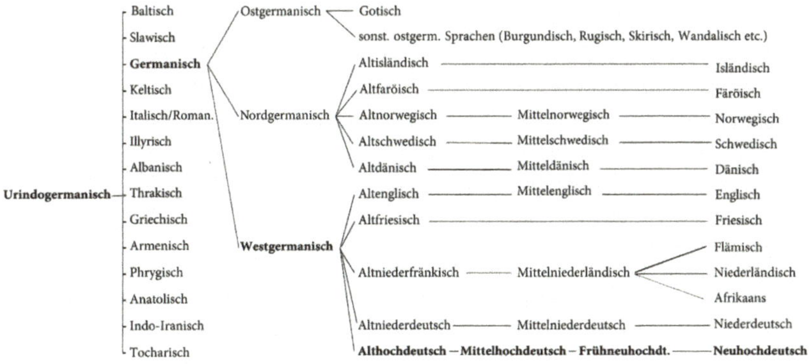

Abb. 1: Die indogermanischen und germanischen Sprachen

Neben vielen anderen Gemeinsamkeiten zeichnen sich alle germanischen Sprachen gegenüber den übrigen indogermanischen Sprachen durch lautliche Gemeinsamkeiten aus, die von einem charakteristischen Lautwandel herrühren, der im Germanischen stattgefunden hat: die **erste (oder germanische) Lautverschiebung**. In einer Art Kettenreaktion entstanden aus den stimmlosen Plosiven (Verschlusslauten) stimmlose Frikative (Reibelaute), die stimmlosen Plosive wurden durch Wandel der stimmhaften Plosive und die stimmhaften wiederum durch Verlust der Aspiration (Behauchung) der aspirierten stimmhaften Plosive ‚nachrekrutiert', vgl. Abb. 2. Ein Wandel kann also einen anderen auslösen.

stl. Plosiv > stl. Frikativ		**sth. Plosiv > stl. Plosiv**		**sth. asp. Plosiv > sth. Plosiv**
[p] > [f]		[b] > [p]		[b^h] > [b]
[t] > [θ]	→	[d] > [t]	→	[d^h] > [d]
[k] > [x]		[g] > [k]		[g^h] > [g]

Abb. 2: Erste (oder germanische) Lautverschiebung

Aus diesem Grund weisen etwa alle germanischen Sprachen als ersten Laut im Wort ‚Vater' ein [f] auf (vgl. Deutsch *Vater*, Niederländisch *vader*, Englisch *father*, Schwedisch *far*, Isländisch *faðir* etc.), andere indogermanische Sprachen dagegen noch den ursprünglichen Laut [p] (vgl. Altgriechisch *patér*, Neugriechisch *patéras*, Latein *pater*, Italienisch *padre* etc.). Wichtig ist in diesem Zusammenhang, sich des Unterschieds zwischen Buchstabe und Laut bewusst zu sein und diesen auch den Schülern zu vermitteln: Ein und derselbe Laut kann in der Schrift durch verschiedene Buchstaben oder ggf. Buchstabenkombinationen (Grapheme) wiedergegeben werden, so der Laut [f] durch <v> oder <f> oder etwa in der Runenschrift, in der viele altgermanische Sprachen zunächst geschrieben wurden (s. Kap. 5.1), durch <ᚠ>. (Die Laute werden in der Sprachwissenschaft – und ebenso in vielen Wörterbüchern – in einer für alle Sprachen einheitlichen Lautschrift, dem internationalen phonetischen Alphabet (IPA), angegeben, so auch in Abb. 2. [x] entspricht bspw. dem Ach-Laut, [θ] dem Anfangslaut in engl. *thick*.)

Ein anderes charakteristisches lautliches Merkmal der germanischen Sprachen gegenüber den anderen indogermanischen Sprachen ist der feste Wortakzent auf der Wurzelsilbe eines Wortes, die (soweit kein Präfix vorhanden ist) zugleich die erste Silbe des Wortes ist. Dieser sogenannte **Initialakzent** hatte, wie wir sehen werden, über die Jahrhunderte auch weiteren lautlichen (und dadurch ausgelösten morphologischen und syntaktischen) Wandel im Deutschen zur Folge. Während die frühen indogermanischen Sprachen wie z. B. das Lateinische durch einen beweglichen (‚freien') Wortakzent charakterisiert waren, der je nach Wortlänge auf einer anderen Silbe des Wortes lag (*veníre* ‚kommen' vs. *vénis* ‚(du) kommst'), fällt er im Deutschen wie in den übrigen germanischen Sprachen typischerweise auf die gleiche Silbe im Wort, die Wurzelsilbe, egal wie viele Silben z. B. durch Präfigierung / Suffigierung noch vorausgehen oder folgen (*kómmen*, *kómmst*, *gekómmen*). Auch dies können Schüler anhand einschlägiger Beispiele und in ggf. fächerübergreifendem Unterricht durch Sprachvergleich selbst herausfinden.

2.2 Althochdeutsch

Die älteste in schriftlichen Sprachzeugnissen greifbare Sprachstufe des Deutschen heißt **Althochdeutsch** (Ahd.). Es wird etwa von Mitte des 8. bis Mitte des 11. Jahrhunderts angesetzt. Man sollte Schülern in der Schule auch einen kleinen Einblick in dieses älteste Deutsch ermöglichen, um zu vermitteln, wie stark sich unsere Sprache seit über 1000 Jahren verändert hat, und damit vorschneller populärer Sprachkritik angesichts aktueller Wandelphänomene den Wind aus den Segeln zu nehmen und den Schülern diese faszinierende Alteritätserfahrung zu ermöglichen: Vom ‚ganz Alten' geht stets ein besonderer Reiz aus. Dafür ist es keinesfalls erforderlich, dass die Lehrkraft selbst fließend Althochdeutsch lesen und verstehen kann. Es genügen schon wenige Sätze mit Übersetzung, die in Textsammlungen wie Schlosser (2004) oder Einführungen wie Donhauser et al. (2005) – hier sogar mit zugehörigen Audio-Dateien – vorliegen oder im Internet zu finden sind (Audio-Dateien ahd./mhd./fnhd. Texte u. a. http://www.germ.uni-tuebingen.de/abteilungen/germanistische-mediaevistik/studium/mediaevistische-lehrinhalte/mediaevistik-lernhilfen/leseproben/). Althochdeutsche Texte mit wortweisen Übersetzungen und morphologischer Bestimmung jedes Wortes findet man im Referenzkorpus Altdeutsch (https://korpling.german.hu-berlin.de/annis3/ddd). Zur vertiefenden Lektüre eignen sich Sonderegger (2003) oder Besch et al. (1998–2004). Wichtige Handbücher sind zudem die althochdeutsche Grammatik von Braune / Heidermanns (2018) und Schrodt (2004) sowie das Wörterbuch von Schützeichel (2012) und das AWB (online via http://www.woerterbuchnetz.de). Auf Grundlage der im Internet zugänglichen

Ressourcen, wo heute u. a. praktisch alle wichtigen althochdeutschen Handschriften eingescannt und mit genauen Informationen vorliegen (s. u. a. http://www.handschriftencensus.de), können Schüler selbst Portfolios, Präsentationen oder Poster erstellen oder bspw. einen Lexikonartikel zum Althochdeutschen verfassen (materialgestütztes Schreiben).

Was das Althochdeutsche von den vorherigen Sprachstufen und von verwandten Sprachen – insbesondere auch allen anderen germanischen Sprachen wie dem Englischen – unterscheidet, ist ein weiterer lautlicher Wandel, bei dem ähnlich wie in der ersten Lautverschiebung die Plosive betroffen sind und der daher **zweite (oder hochdeutsche) Lautverschiebung** genannt wird, vgl. Abb. 3. Je nach vorausgehendem Laut werden die stimmlosen Plosive (Tenues) zu Doppelfrikativen (im Auslaut oder nach Langvokal vereinfacht) oder Affrikaten (Kombinationen aus Plosiv und Frikativ), z. B. Englisch *ape* vs. Deutsch *Affe*, Englisch *apple* vs. Deutsch *Apfel*. (Die Laute sind in Abb. 3 wieder in IPA-Schrift angegeben.) Die stimmhaften Plosive (Medien) werden zu stimmlosen, vgl. Englisch *day* vs. Deutsch *Tag*. Hier bieten sich wiederum fächerübergreifende Vergleiche zum Englischen an.

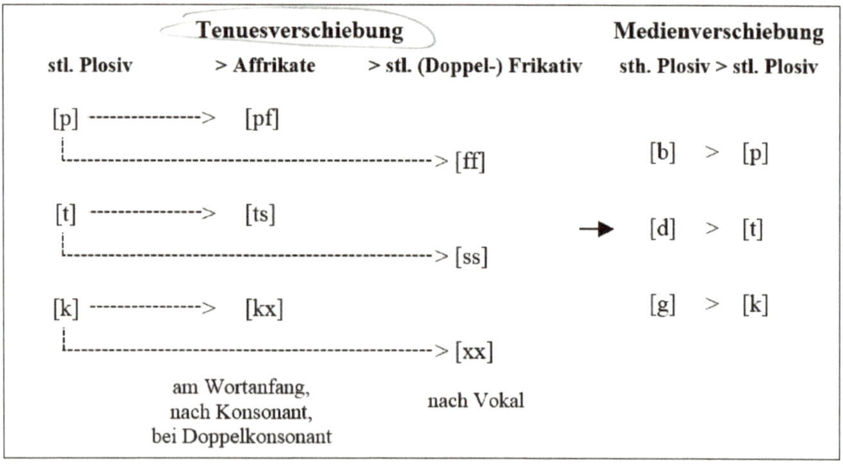

Abb. 3: Zweite (oder hochdeutsche) Lautverschiebung

Während der Wandel der stimmhaften Plosive nur sehr begrenzt erfolgte, ist der Wandel stimmloser Plosive in einem großen Teil des deutschen Sprachraums nachweisbar – grob gesagt in der Mitte und im Süden, d. h. im **Hoch-**

deutschen (s. Kap. 3.3, insb. Abb. 7). Daher auch die Bezeichnung Alt*hoch*deutsch. Innerhalb des Althochdeutschen gibt es aber sowohl bzgl. des Grades der Durchführung der zweiten Lautverschiebung als auch zahlreicher anderer sprachlicher Eigenschaften erhebliche regionale Variation, so dass man sich das Althochdeutsche, ebenso wie das spätere Mittelhochdeutsche und weitgehend auch noch das Frühneuhochdeutsche eher als eine Menge von mehr oder weniger verwandten Dialekten vorstellen muss, neben der es keine überregionale Instanz wie die heutige Standardsprache gab, in der sich z. B. ein Rheinländer und ein Bayer miteinander verständigen konnten. Im Norden des deutschen Sprachraums, dem **Niederdeutschen**, hat die zweite Lautverschiebung gar nicht stattgefunden. In diesem Bereich wurden vor über 1000 Jahren historische Vorstufen der heutigen niederdeutschen Dialekte gesprochen, das **Altniederdeutsche** (oder Altsächsische).

Die für das Althochdeutsche, die älteste Vorstufe unseres heutigen (Standard-)Deutschen, so typische zweite Lautverschiebung lässt sich bereits Mitte des 6. Jahrhunderts bei in lateinischen Texten genannten Namen nachweisen. Die ältesten erhaltenen althochdeutschen Texte stammen aus dem 8. Jahrhundert. Sie entstanden v. a. in Klöstern, wo jedoch in erster Linie Latein geschrieben wurde. Der größte Teil des uns bekannten althochdeutschen Wortschatzes ist daher nicht in kompletten Texten, sondern in Einzelwörtern, sogenannten **Glossen**, überliefert, die als Verständnishilfe zwischen die Zeilen oder an den Rand von lateinischen Texten geschrieben wurden – oft auch nur eingeritzt, teilweise auch in Runen oder in Geheimschrift. Mitunter sind ganze Texte durchgängig mit solchen Einzelwortübersetzungen versehen, etwa die lateinisch-althochdeutsche Benediktinerregel (https://www.e-codices.unifr.ch/de/list/one/csg/0916). Schülern kann man die Technik und den Sinn der Glossierung anhand ihrer eigenen Schulbücher aus dem Fremdsprachenunterricht unmittelbar begreiflich machen, in denen sie zumeist in Texten selbst solche Einzelwortübersetzungen eingetragen haben.

Neben den Glossen sind auch einige althochdeutsche Texte überliefert, von denen manche nur wenige Zeilen umfassen, wie z. B. die *Merseburger Zaubersprüche*, oder von denen nur wenige Seiten erhalten sind wie vom *Hildebrandslied* – Texte, die die (Ur-)Großelterngeneration vielfach noch in Ausschnitten in der Schule auswendig gelernt hat und die auch heutigen Schülern noch spannende Einblicke ins Althochdeutsche ermöglichen. Die umfangreichsten und daher für unsere Kenntnis der althochdeutschen Sprache bedeutsamsten Texte sind der *Isidor* (Übersetzung einer lateinischen theologischen Abhandlung), der

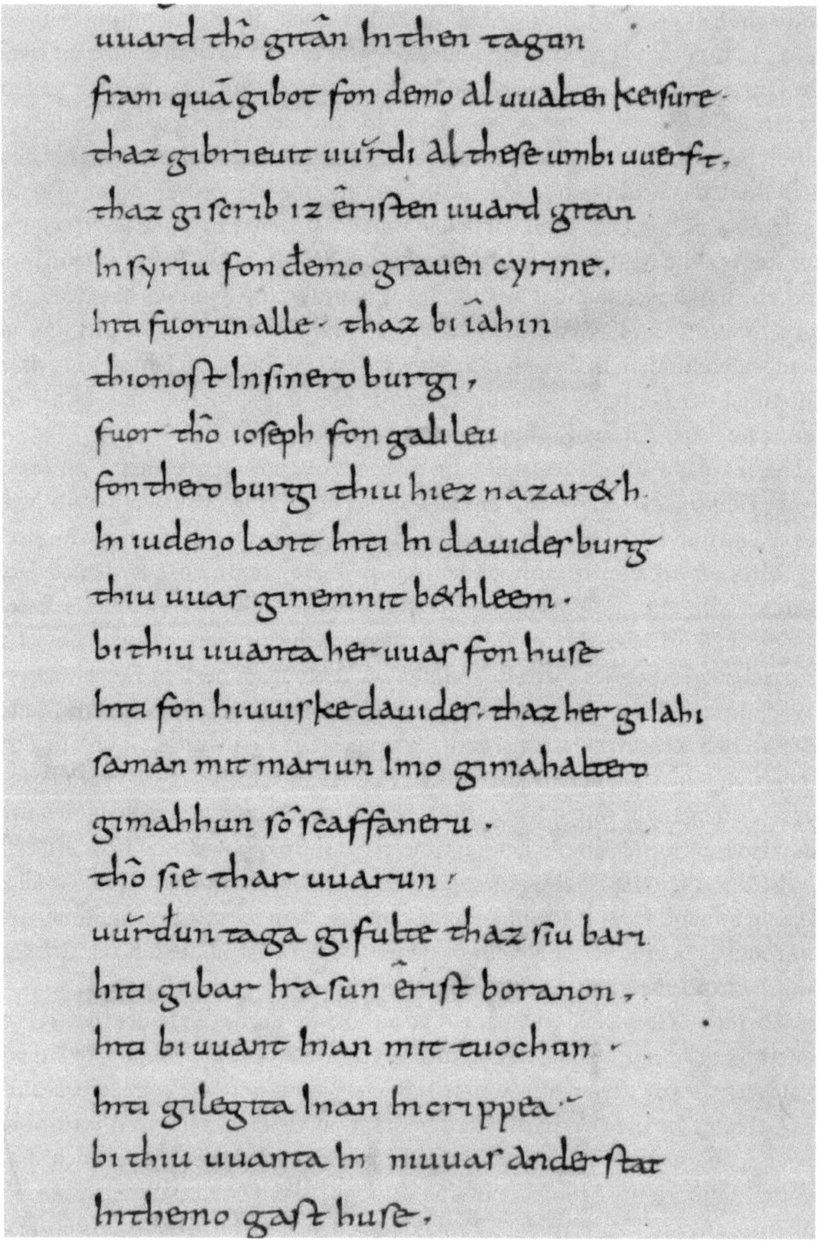
uuard thô gitân In then tagun
fram quã gibot fon demo Al uualten keisure·
thaz gibrieuit uurdi Al these umbi uuerft·
thaz giscrib iz êristen uuard gitan
In syriu fon demo grauen cyrine·
Inti fuorun alle· thaz bi iâhin
thionost In sinero burgi·
fuor thô ioseph fon galileu
fon thero burgi thiu hiez nazareth
In iudeno lant Inti In dauides burg
thiu uuar ginemnit bethleem·
bi thiu uuanta her uuar fon huse
Inti fon hiuuiske dauides· thaz her gilahi
saman mit mariun Imo gimahaltero
gimahhun sô scaffaneru·
thô sie thar uuarun·
uurdun taga gifulte thaz siu bari
Inti gibar ira sun êrist boranon·
Inti biuuant Inan mit tuochun·
Inti gilegita Inan In crippea·
bi thiu uuanta In niuuar ander stat
In themo gast huse·

Abb. 4: Tatian (um 830), Stiftsbibl. St. Gallen, Cod. Sang. 56, fol. 35 (Ausschnitt)

uuard thô gitân In then tagun fram quam gibot fon đemo aluualten keisure
wurde da getan in den Tagen ausging Gebot von dem mächtigen Kaiser

thaz gibrieuit vvurdi al these umbi uuerft. thaz giscrib iz êristen uuard gitan
dass verbrieft würde all dieser Erdkreis das Schreiben als Erstes wurde getan

in syriu fon đemo grauen cyrine. Inti fuorun alle thaz biiâhin thionost
in Syrien von dem Grafen Cyrinus und fuhren alle dass erfüllten Dienst

insinero burgi. fuor thô ioseph fon galileu fon thero burgi thiu hiez nazareth
in seiner Stadt fuhr da Josef von Galiläa von der Stadt die hieß Nazareth

In iudeno lant Inti In dauidesburg thiu uuas ginemnit bethleem bithiu uuanta
in Juden Land und in Davids Stadt die war genannt Bethlehem darum weil

her uuas fon huse Inti fon hiuuiske dauide thaz her gilahi saman mit
er war von Haus und von Familie Davids dass er sich meldete zusammen mit

mariun Imo gimahaltero gimahhun sô scaffaneru thô sie thar uuarun
Maria ihm vermählter Ehefrau schwangerer als sie dort waren

vvurđun taga gifulte thaz siu bari Inti gibar Ira sun êrist borano Inti
wurden Tage gefüllt dass sie gebäre und gebar ihren Sohn erstgeborenen und

bi uuant Inan mit tuochun Inti gilegita Inan In crippea bi thiu uuanta In
wickelte ihn mit Tüchern und legte ihn in Krippe darum weil ihnen

niuuas anderstat Inthemo gast huse.
nicht war andere Stätte in dem Gasthaus

‚Es geschah in diesen Tagen, dass ein Gebot von dem mächtigen Kaiser ausging, dass die ganze Gegend geschätzt würde. Diese Schätzung wurde in Syrien zuerst von dem Grafen Cyrinus durchgeführt. Und alle machten sich auf den Weg, um die Anweisung zu erfüllen, jeder in seine Stadt. Da begab sich Josef aus Galiläa aus der Stadt, die Nazareth hieß, in das Land der Juden und in die Stadt Davids, die Bethlehem genannt war, weil er aus dem Haus und aus der Familie Davids war, damit er (die Anweisung) erfülle zusammen mit Maria, der ihm angetrauten Ehefrau, die schwanger war. Als sie dort waren, waren die Tage erfüllt, dass sie gebäre. Und sie gebar ihren erstgeborenen Sohn und wickelte ihn in Tücher und legte ihn in eine Krippe, denn sie hatten keinen anderen Ort in der Herberge.'

Tatian (Übersetzung lateinischer Bibeltexte) sowie das *Evangelienbuch* des Otfrid von Weißenburg (Bibeldichtung). Aus der spätalthochdeutschen Zeit sind längere Übersetzungstexte von Notker Labeo überliefert. Am Ausschnitt aus dem *Tatian* in Abb. 4 lassen sich einige Merkmale des Althochdeutschen verdeutlichen (Foto der vollständigen Handschriftenseite: https://www.e-codices.unifr.ch/de/csg/0056/35/0/Sequence-262). Es handelt sich um den Beginn des Weihnachtsevangeliums nach Lukas, einem auch manchen Schülern bekannten und daher leichter zugänglichen Text. Zum besseren Verständnis ist der Textausschnitt neuhochdeutsch glossiert und übersetzt. (Der gleiche Text findet sich auf Mittel- bzw. Frühneuhochdeutsch in Kap. 2.3 bzw. 2.4.)

Auf allen Ebenen des Sprachsystems gibt es deutliche Unterschiede zum heutigen Deutschen, die zur Vermittlung oder Wiederholung grammatischer Begrifflichkeiten sowie der Unterscheidung verschiedener sprachlicher Ebenen genutzt werden können:

- **Phonologie** (Laute): z. T. Monophthonge an Stellen, wo wir heute Diphthonge haben (z. B. in *sinero* vs. *seiner*, *huse* vs. *Haus*(*e*)), heute im Standarddeutschen nicht mehr vorhandene Diphthonge wie [uo̯], [io̯] (z. B. in *fuor* vs. *fuhr*, *thionost* vs. *Dienst*), dem englischen th-Laut entsprechende, durch <th> oder <đ> wiedergegebene Laute (z. B. in *thaz*, *đemo*) etc.
- **Morphologie** (Flexion / Wortbildung): Flexionssuffixe und -präfixe mit vollen Vokalen (*-an, gi-, -um, -o* etc.), Sg. und Pl. Präteritum z. T. verschiedener Verbstamm (*uuas – uuarun*), anders gebildete Pluralformen bei Nomen (*tuochum* vs. *Tüchern*), andere Wortbildung (z. B. *giscrib* vs. *Schreiben*, *êrist boranon* vs. *erstgeborenen*) etc. (s. dazu Kap. 4.1)
- **Syntax** (Satzbau): Deklarativsätze mit Verberststellung oder Verbdrittstellung statt Verbzweitstellung (z. B. ***Fuor*** *tho Ioseph …* bzw. [*thaz giscrib*] [*iz êristen*] ***uuard*** *gitan …*, s. dazu Kap. 4.2), Sätze mit fehlendem Subjektpronomen (z. B. *Inti gibar ira sun êristboranon*), fehlende Artikelwörter (z. B. bei *huse*, *crippea*, *stat*), im Unterschied zu heute regelmäßig Satzglieder im Nachfeld (z. B. *thaz gibrieuit vvurdi* [*al these umbi uuerft*]), Negation durch Negationspartikel am / vorm Verb (*niuuas*) etc.
- **Lexik** (Wortschatz): viele Wörter, die heute ausgestorben sind (z. B. *umbi uuerft*, *hiuuiske*, *gimahhun*, *uuanta*)
- **Semantik** (Bedeutung): Bedeutungswandel etlicher Wörter (z. B. *fuor* ‚begab sich / ging' vs. heute ‚fuhr', *burg* ‚Stadt' vs. heute ‚Burg', *stat* ‚Ort, Stelle, Platz' vs. heute ‚Stadt', nur im gehobenen / archaisierenden Stil *Statt* mit alter Bedeutung; zum semantischen Wandel s. Kap. 6.1)
- **Graphematik** (Schreibung): keine Großschreibung der Nomen (z. B. *taga*, *huse*, *tuochum*, s. dazu Kap. 5.2), kaum Interpunktion (v. a. Punkt, z. T. auch statt heutigem Komma, s. zum Interpunktionswandel Kap. 5.1), z. T. andere Buchstaben / Grapheme (<*đ*>, <*uu*>/<*vv*> statt <*w*>) etc.

2.3 Mittelhochdeutsch

Die von etwa Mitte des 11. bis Mitte des 14. Jahrhunderts gesprochene Vorstufe unserer Sprache heißt **Mittelhochdeutsch** (Mhd.). Mittelhochdeutsche Texte liegen in zahlreichen Anthologien, Aufnahmen und sogar aktuellen Vertonungen in der Popmusik vor und sind u. a. im Zusammenhang mit dem Thema Lyrik teilweise auch in Deutschlehrbüchern zu finden. Es lohnt sich, die Texte nicht nur unter literarischem, sondern auch unter sprachlichem Aspekt mit den Schülern zu betrachten. Wiederum ist hierfür keine umfassende Kenntnis der mittelhochdeutschen Sprache auf Seiten der Lehrkraft erforderlich, sondern es genügen kurze Hinweise zu exemplarischen sprachlichen Formen und Phänomenen im Vergleich zum heutigen Deutschen, um gemäß den Vorgaben der Bildungsstandards und Kernlehrpläne „Einblick in die Sprachgeschichte" zu gewähren und „Merkmale des Sprachwandels" zu vermitteln. Anknüpfen lässt sich hier auch an die zahlreichen Mittelalterbezüge in der aktuellen Pop- und Jugendkultur (Computerspiele, Filme, Musik, Mittelalterspektakel), um so einen Lebensweltbezug für die Schüler herzustellen und davon ausgehend Sprachgeschichte und Sprachwandel zu thematisieren. Die reiche Materialbasis zum Mittelhochdeutschen in Einführungsbüchern und im Internet (Referenzkorpus Mittelhochdeutsch https://www.linguistics.rub.de/rem/, zahlreiche Seiten mit Handschriftenabbildungen, Audiodateien etc. via http://www.mediaevum.de/, http://www.handschriftencensus.de/ oder Grazer didaktisches Textportal zur Literatur des Mittelalters http://gams.uni-graz.at/context:lima?mode=anleitung) ermöglicht auch handlungs- und produktionsorientierte Aufgabenstellungen und einen eigenständigen Zugang im Sinn des forschenden Lernens. Zur vertiefenden Lektüre eignen sich Donhauser et al. (2005) und Wegera et al. (2011). Wichtige Handbücher sind die mittelhochdeutsche Grammatik von Paul (2007) und Wörterbücher wie Lexer (1992) und BMZ (1990) (online via http://www.woerterbuchnetz.de).

Der deutlichste, auch für Schüler leicht zu erkennende Unterschied zur vorhergehenden Sprachstufe des Althochdeutschen besteht darin, dass aufgrund der sogenannten **Nebensilbenabschwächung** die vollen Vokale in unbetonten Silben, etwa in den Flexionssuffixen, zum in der Schreibung zumeist durch <e> wiedergegebenen ‚Murmelvokal' [ə] (Schwa) geworden sind. Dieser Lautwandel, der teilweise schon im Spätalthochdeutschen einsetzte, lässt sich als Spätfolge des Initialakzents im Germanischen (s. Kap. 2.1) begreifen und führte u. a. dazu, dass seit dem Mittelhochdeutschen viele vorher eindeutige Flexionsformen

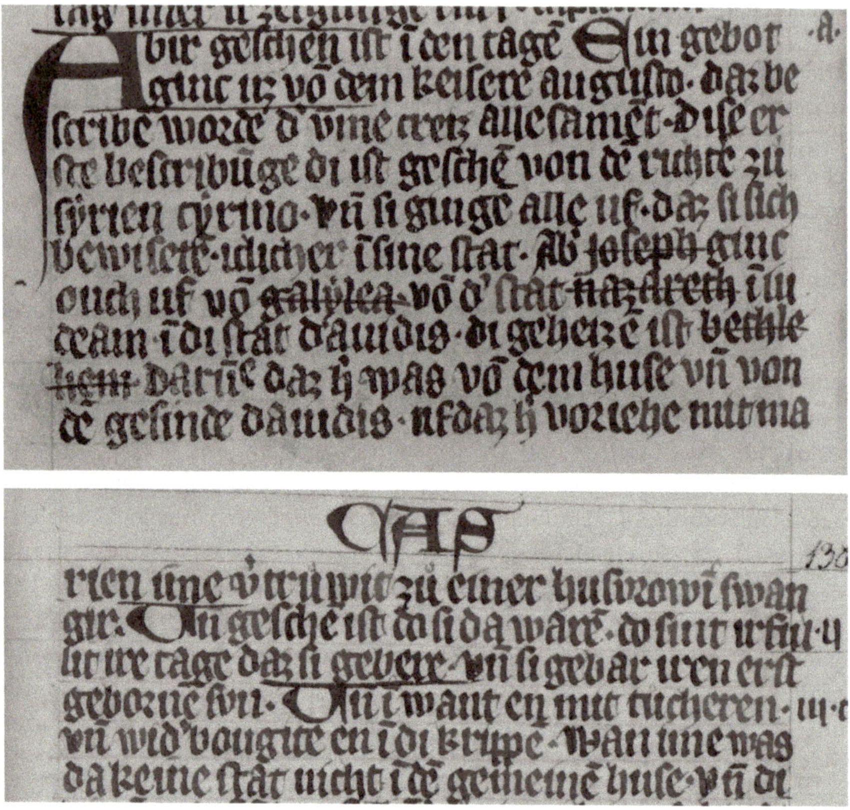

Abb. 5: Evangelienbuch des Matthias von Beheim (1343), Univ.bibl. Leipzig, Ms. 34, fol. 137v und 138r (Ausschnitt)

nicht mehr unterscheidbar sind (**Synkretismus**, s. auch Kap. 4.1), z. B. ‚Tag' ahd. Dat. Sg. *tage*, Nom./Akk. Pl. *taga*, Gen. Pl. *tago* > mhd. jeweils *tage*. Dieser Formenzusammenfall ist wiederum in der Forschung für die seit dem Mittelhochdeutschen verstärkte Verwendung von Artikeln, Subjektpronomen und zusammengesetzten (analytischen) Verbformen verantwortlich gemacht worden, wobei hierfür auch weitere Faktoren eine Rolle spielen. Phonologischer Wandel hat hier also morphologischen und syntaktischen Wandel bewirkt (s. Kap. 3.1).

In mittelhochdeutscher Zeit nimmt nicht nur die Anzahl erhaltener deutscher Texte zu, sondern auch die Vielfalt an Textsorten. Im Zusammenhang mit soziopolitischen/-kulturellen Veränderungen im Hochmittelalter gewinnen

Abir geschen ist in den tagen Ein gebot ginc uz von dem keisere
aber geschehen ist in den Tagen ein Gebot ging aus von dem Kaiser

augusto · daz bescriben worde der umme creiz allesament · Dise erste
Augustus dass erfasst würde der Umkreis allesamt diese erste

bescribunge di ist geschen von dem richtere zů syrien cyrino ·
Aufzeichnung die ist geschehen von dem Regierendenzu Syrien Cyrinus

vnd si gingen alle uf · daz si sich bewiseten · iclicher in sine stat ·
und sie gingen alle auf dass sie sich zeigten jeglicher in seine Stadt

Abir joseph ginc ouch uf von galylea · von der stat nazareth in iudeam ·
aber Josef ging auch auf von Galiläa von der Stadt Nazareth in Judäa

in di stat dauidis · di geheizen ist bethlehem · Darumme daz her was
in die Stadt Davids die geheißen ist Betlehem darum dass er war

von dem huse und von dem gesinde dauidis · ufdaz her voriehe mit marien
von dem Haus und von der Familie Davids auf-dass er vorspreche mit Maria

ime vortrůwit zů einer husvrowin swangir · Und geschen ist do si da waren ·
ihm angetraut zu einer Ehefrau schwanger und geschehen ist als sie da waren

do sint irfullit ire tage daz si gebere · vnd si gebar iren erst gebornen
da sind erfüllt ihre Tage dass sie gebäre und sie gebar ihren erstgeborenen

sun · Und inwant en mit tůcheren · vnd widerbougite en in di krippen ·
Sohn und ein-wickelte ihn mit Tüchern und zurück-beugte ihn in die Krippe

Wan ime was da keine stat nicht in dem gemeinen huse ·
weil ihm war da kein Platz nicht in dem öffentlichen Haus

u. a. die Höfe an Bedeutung für die Textproduktion. In ihrem Umkreis entstehen viele bekannte und literarisch bedeutende poetische mittelhochdeutsche Texte wie das bis heute im Schulunterricht oft angesprochene *Nibelungenlied*, von dem ältere Generationen oft noch ein paar Verse aus dem Deutschunterricht im Kopf haben, oder die Werke von Hartmann von Aue (u. a. *Iwein*), Gottfried von Straßburg (*Tristan*), Wolfram von Eschenbach (u. a. *Parzival*), Walther von der Vogelweide und anderen. Auch Prosatexte verschiedener Textsorten (Predigten, Urkunden, Chroniken, Arzneibücher, naturkundliche Abhandlungen etc.) sind erhalten, die für die Erforschung der mittelhochdeutschen Sprache von noch größerer Bedeutung sind, da hier die Sprache nicht den Bedürfnissen von Metrum und Reim angepasst ist. Um einen Prosatext handelt es sich ebenfalls beim *Evangelienbuch* des Matthias von Beheim, das auch den in Kap. 2.2 wiedergegebenen Bibeltext enthält – nun in mittelhochdeutscher Sprache, s. Abb. 5. (Der Text ist wieder wortweise glossiert, für eine paraphrasierende Übersetzung s. Kap. 2.2. Fotos der Handschrift: http://www.manuscripta-mediaevalia.de/?xdbdtdn!%22obj%2090682182,T%22&dmode=doc#|4/ – dort S. 285 f.)

Sprachlich unterscheidet sich das Mittelhochdeutsche sowohl vom vorausgehenden Althochdeutschen (vgl. Paralleltext in Kap. 2.2) als auch vom heutigen Deutschen. Es gibt aber auch Gemeinsamkeiten.

- **Phonologie** (Laute): wie im Ahd. teils Monophthonge an Stellen, wo wir heute Diphthonge haben (z. B. in *uz* vs. *aus*, *huse* vs. *Haus*(*e*), *sine* vs. *seine*), im Unterschied zum Ahd. und wie im heutigen Deutschen keine Entsprechungen des engl. th-Lautes mehr (*thaz* > *daz*), wie heute in unbetonten Silben i. d. R. Vokal [ə] (vs. Ahd.) etc.
- **Morphologie** (Flexion / Wortbildung): Flexionssuffixe und -präfixe wie heute i. d. R. mit [ə] (vs. Ahd.: *uuar-un* > *war-en*, *gi-bar* > *ge-bar*, z. T. Vokal ganz weggefallen: *đem-o* > *dem*), wie im Ahd. im Sg. und Pl. Präteritum z. T. verschiedener Verbstamm (*was* – *waren*), vom Heutigen abweichende Flexionsformen von Nomen (z. B. Akk. Sg. *die krippen* vs. *die Krippe*), andere Wortbildung (z. B. *vortrůwit* vs. *angetraut*) etc. (s. Kap. 4.1)
- **Syntax** (Satzbau): wie heute und im Unterschied zum Ahd. Deklarativsätze nur noch mit Verbzweitstellung (s. dazu Kap. 4.2) sowie mehr Artikelwörter (z. B. *dem huse*, *di krippen*), wie im Ahd. regelmäßig Satzglieder im Nachfeld, etwa in eingeleiteten Nebensätzen nach dem finiten Verb (z. B. *daz bescriben worde* [*der ummecreiz allesament*]), Negation mit Negationspartikel *nicht* wie heute, aber auch mit zusätzlichem negativem Indefinitum wie z. T. im Ahd. (Negationskongruenz: *ime was da keine stat nicht*, s. Kap. 3.3) etc.
- **Lexik** (Wortschatz): gegenüber dem Ahd. mehr heute noch übliche, z. T. aber lautlich oder semantisch inzwischen weiter veränderte Wörter (z. B. *ummecreiz* statt ahd. *umbi uuerft*, *gesinde* statt ahd. *hiuuiske*, *husvrowin* statt ahd. *gimahhun*), einige heute nicht mehr gebräuchliche Wörter (z. B. *voriehe*)
- **Semantik** (Bedeutung): Bedeutungswandel etlicher Wörter (z. B. *bescribunge* ‚Aufzeichnung' vs. heute ‚Beschreibung', *husvrowe* ‚Ehefrau' vs. heute ‚Hausfrau', *gemein* ‚öffentlich / allgemein / gemeinschaftlich' vs. heute ‚gemein', zum semantischen Wandel s. Kap. 6.1)
- **Graphematik** (Schreibung): in der Regel keine Großschreibung von Nomen (z. B. *tage*, *huse*, *sun*, s. dazu Kap. 5.2), abweichende Interpunktion (ausschließlich <·> u. a. für Satzende und statt heutigem Komma, z. T. gegenüber heute fehlende Interpunktion, s. dazu Kap. 5.1), z. T. andere Buchstaben / Grapheme (<*ů*>, weiterhin z. T. <v> statt <u> etc.), etliche Kürzel (z. B. Nasalstrich <*ī*> = *in*, *er*-Kürzel <*d'*> = *der* etc. – im Transkript zur Handschrift in Abb. 5 aufgelöst)

2.4 Frühneuhochdeutsch und Neuhochdeutsch

Das Ende des Mittelalters und der Beginn der frühen Neuzeit brachten nicht nur wichtige soziokulturelle und politische Veränderungen mit sich, sondern auch sprachliche Neuerungen. Die entsprechende Sprachstufe, das **Frühneuhochdeutsche** (Fnhd.), wird ab Mitte des 14. bis Mitte des 17. Jahrhunderts angesetzt. Die Sprache dieser Zeit ähnelt in vielem schon sehr unserer heutigen Sprache, was sie Schülern teils leichter zugänglich macht, andererseits aber natürlich auch weniger Einblick in vom heutigen Deutschen abweichende und aufgrund der Andersartigkeit besonders faszinierende historische Sprache ermöglicht als das Alt- und Mittelhochdeutsche. Mit frühneuhochdeutschen Texten sind einige Schüler unter Umständen hier und da in ihrem Alltag bereits in Kontakt gekommen, etwa in Form alter Kirchenlieder oder teils sprichwortartig bewahrter Wendungen aus Luthers Bibelübersetzung. Aufgrund der Nähe zum heutigen Deutschen lassen sich frühneuhochdeutsche Texte, die in zahlreichen Editionen und im Internet (Bonner Frühneuhochdeutsch-Korpus http://www.korpora.org/FnhdC/, bald auch Referenzkorpus Frühneuhochdeutsch) zugänglich sind, in der Regel weitgehend verstehen, ohne dass eine Übersetzung zur Unterstützung hinzugezogen werden muss. Doch auch hier gibt es noch etliche sprachliche Unterschiede zum heutigen Deutschen, anhand derer sich Sprachwandel im Deutschunterricht thematisieren lässt. Zur vertiefenden Lektüre eignen sich Hartweg/Wegera (2005) und Donhauser et al. (2005). Zentrale Handbücher sind die frühneuhochdeutsche Grammatik von Ebert et al. (1993) und das FWB (online via http://www.woerterbuchnetz.de).

Ein sprachliches Kennzeichen des Frühneuhochdeutschen hat sich durch einen weiteren Lautwandel ergeben: die **frühneuhochdeutsche Diphthongierung und Monophthongierung**. Aus den hohen Langvokalen [i:], [y:] und [u:] wurden die Diphthonge [aɪ̯], [ɔɪ̯] und [aʊ̯], vgl. mhd. *mîn niuwes hûs* [mi:n ny:vəs hu:s] vs. fnhd. *mein neues Haus* [maɪ̯n nɔɪ̯əs haʊ̯s]. Umgekehrt entwickelten sich die Diphthonge [iə̯], [yə̯] und [uo̯] zu den Langvokalen [i:], [y:] und [u:], vgl. mhd. *liebe guote brüeder* [liə̯bə guo̯tə bryə̯dɐ] vs. fnhd. *liebe gute Brüder* [li:bə gu:tə bry:dɐ] (durch die unveränderte Schreibung <ie> ist dieses Graphem zu einem der möglichen Entsprechungen von Lang-i [i:] in der Schrift geworden, zu weiteren Zusammenhängen von Sprachgeschichte und Orthographie s. Kap. 5). Auch dieser Lautwandel hat in manchen Bereichen des deutschen Sprachraums früher, teilweise schon in mittelhochdeutscher Zeit, in anderen gar nicht stattgefunden, so dass diesbezügliche dialektale Unterschiede

Anlass zur Thematisierung von Sprachgeschichte im Deutschunterricht sein können (s. Kap. 3.3).

Was die Überlieferung des Frühneuhochdeutschen angeht, so ist die Anzahl der erhaltenen Texte und ebenso der Textsorten nochmals deutlich größer als im Mittelhochdeutschen. In die Zeit des Frühneuhochdeutschen fällt die Erfindung des Buchdrucks, der – ebenso wie neue, preiswertere Schreibmaterialien (Papier statt Pergament) – die Produktion und Verbreitung von Texten enorm beförderte (s. Kap. 6.2). Aufgrund zunehmender Alphabetisierung sind uns zudem sprachliche Zeugnisse einer größeren Bandbreite sozialer Gruppen überliefert, insbesondere auch von Bürgern der soziopolitisch und ökonomisch in dieser Zeit an Bedeutung gewinnenden Städte. So sind bspw. Privatbriefe, Reisebeschreibungen, Streitschriften und Flugblätter erhalten. In die frühneuhochdeutsche Zeit fallen auch die **Anfänge der Ausbildung einer überregionalen deutschen Sprache** – ein jahrhundertelanger Prozess, der erst im Neuhochdeutschen zur Ausbildung der Standardsprache führte. Dazu beigetragen hat u. a. der Sprachgebrauch der Kanzleien, d. h. der großen höfischen Verwaltungszentren (z. B. der böhmischen Kanzlei in Prag, der habsburgischen Kanzlei in Wien oder der sächsischen Kanzlei in Meißen), der Sprachgebrauch der Drucker, der sich in Flugblättern und Büchern verbreitete, sowie Sprachausgleich aufgrund von Bevölkerungsbewegungen (u. a. nach Ostmitteldeutschland bereits seit mhd. Zeit und nun verstärkt, sowie generell in die Städte). Auch dem Sprachgebrauch Martin Luthers insbesondere in seiner Bibelübersetzung, die ebenfalls in frühneuhochdeutscher Zeit entstand, ist für die Ausbildung der überregionalen deutschen Standardsprache eine große Rolle zugeschrieben worden. Während seine Schriften im gesamten deutschen Sprachraum weite Verbreitung fanden (etwa jeder fünfte Haushalt in Deutschland besaß bei Luthers Tod eine Luther-Bibel – oft das einzige Buch) und damit auch zu überregionalem Ausgleich beigetragen haben, wird Luther heute in der sprachhistorischen Forschung nicht mehr als ‚Ahnvater' der deutschen Einheitssprache stilisiert. Sprachhistorische Untersuchungen haben ergeben, dass sein Sprachgebrauch vielmehr – gemäß Luthers eigener Intention – dem seiner Zeit und seiner Region entsprach, während derjenige von Sprechern anderer Regionen bezüglich bestimmter Phänomene dem Sprachgebrauch Luthers sogar teilweise schon voraus war. Der dem in Kap. 2.2 und 2.3 angeführten Beispieltext entsprechende Auszug aus der Bibelübersetzung Luthers von 1545 verdeutlicht einige sprachliche Merkmale des Frühneuhochdeutschen. Er lässt sich schon recht gut ohne Übersetzung verstehen.

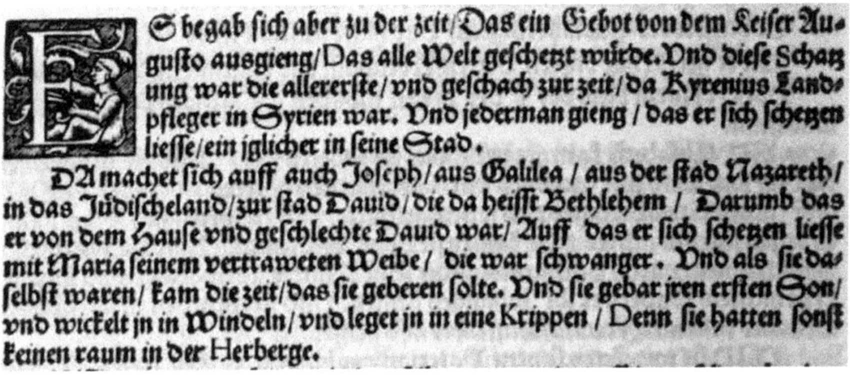
ES begab ſich aber zu der zeit / Das ein Gebot von dem Keiſer Augusto ausgieng / Das alle Welt geſchetzt würde. Vnd dieſe Schatzung war die allererſte / vnd geſchach zur zeit / da Kyrenius Landpfleger in Syrien war. Vnd jederman gieng / das er ſich ſchetzen lieſſe / ein jglicher in ſeine Stad.
DA machet ſich auff auch Joſeph / aus Galilea / aus der ſtad Nazareth / in das Jüdiſcheland / zur ſtad Dauid / die da heiſſt Bethlehem / Darumb das er von dem Hauſe vnd geſchlechte Dauid war / Auff das er ſich ſchetzen lieſſe mit Maria ſeinem vertraweten Weibe / die war ſchwanger. Vnd als ſie daſelbſt waren / kam die zeit / das ſie geberen ſolte. Vnd ſie gebar jren erſten Son / vnd wickelt jn in Windeln / vnd leget jn in eine Krippen / Denn ſie hatten ſonſt keinen raum in der Herberge.

Abb. 6: Luther-Bibel (1545), Lk 2, 1–7. Quelle: Faksimile der Erstausgabe, Deutsche Bibelgesellschaft Stuttgart 1967/1983

ES begab sich aber zu der zeit / Das ein Gebot von dem Keiser Augusto ausgieng / Das alle Welt geschetzt wůrde. Vnd diese Schatzung war die allererste / vnd geschach zur zeit / da Kyrenius Landpfleger in Syrien war. Vnd jederman gieng / das er sich schetzen liesse / ein jglicher in seine Stad. DA machet sich auff auch Joseph / aus Galilea / aus der stad Nazareth / in das Jůdischeland / zur stad Dauid / die da heisst Bethlehem / Darumb das er von dem Hause vnd geschlechte Dauid war / Auff das er sich schetzen liesse mit Maria seinem vertraweten Weibe / die war schwanger. Vnd als sie daselbst waren / kam die zeit / das sie geberen solte. Vnd sie gebar jren ersten Son / vnd wickelt jn in Windeln / vnd leget jn in eine Krippen / Denn sie hatten sonst keinen raum in der Herberge.

Sprachlich unterscheidet sich das Frühneuhochdeutsche sowohl vom vorausgehenden Alt- und Mittelhochdeutschen (vgl. die Paralleltexte in Kap. 2.2 und 2.3) als auch vom heutigen Deutschen, weist aber auch jeweils Gemeinsamkeiten auf.

- **Phonologie** (Laute): bestimmte im Ahd. und Mhd. vorhandene Monophthonge sind wie heute Diphthonge (*siner* > *seine*, *huse* > *Hause*, *uf* > *auff*), z. T. Frikativ [x], wo er heute nicht mehr gesprochen wird (*geschach* vs. *geschah*) etc.
- **Morphologie** (Flexion / Wortbildung): im Sg. und Pl. Präteritum i. d. R. wie heute und im Unterschied zum Ahd./Mhd. gleicher Verbstamm (*was / waren* > *war / waren*), Flexionssuffixe und -präfixe zumeist wie heute, nur wenige Abweichungen (z. B. Dativ Sg. -e bei *Hause* oder *Weibe* vs. heute *Haus*, *Weib*, schwach flektierte feminine Nomen z. B. Akk. Sg. *eine Krippen*

vs. heute feminine Nomen im Akk. Sg. endungslos: *eine Krippe*), vom Heutigen abweichende Wortbildung (z. B. *vertraweten* vs. *angetrauten*)

- **Syntax** (Satzbau): z. T. noch wie im Ahd./Mhd. Satzglieder im Nachfeld (z. B. *Auff das er sich schetzen liesse* [*mit Maria* ...]), aber auch schon häufiger unbesetztes Nachfeld wie heute (z. B. *Das ein Gebot von dem Keiser Augusto ausgieng* vs. Ahd./Mhd. ‚von dem Kaiser Augustus' im Nachfeld), wie z. T. im Mhd. komplexe Nebensatzeinleitungen (*darumb das* vgl. mhd. *darumme daz* ‚weil', *auff das* vgl. mhd. *uf daz* ‚dass / damit') etc.
- **Lexik** (Wortschatz): nur wenige heute nicht mehr gebräuchliche Wörter (z. B. *Landpfleger*)
- **Semantik** (Bedeutung): Bedeutungswandel einiger Wörter (z. B. *Weib* ‚Frau' vs. heute pejorativ ‚Weib', *schetzen* im Sinn von ‚eintragen / verzeichnen / zählen' vs. heute ‚schätzen')
- **Graphematik** (Schreibung): deutlich mehr Großschreibung der Nomen, aber noch nicht durchgängig wie heute (z. B. *Keiser, Welt, Stad, Hause, Krippen* etc., aber: *zeit, stad, raum* etc., vgl. Ahd./Mhd., s. Kap. 5.2), mehr Interpunktion, v. a. Virgel </> (i. d. R. an Stellen, wo heute ein Komma stehen würde, s. Kap. 5.1), wie im Ahd./Mhd. noch z. T. <v> statt <u> etc.

An das Frühneuhochdeutsche schließt sich ca. ab Mitte des 17. Jahrhunderts das **Neuhochdeutsche** (Nhd.) an, zu dem auch unser heutiges Deutsch gerechnet wird. Das frühe Neuhochdeutsche vor rund 350 Jahren unterscheidet sich dabei jedoch noch in vielerlei Hinsicht vom Gegenwartsdeutschen, und selbst die Sprache der deutschen Klassiker um 1800 ist in manchen Punkten anders als unsere Sprache. Auch hier finden sich also ideale Anknüpfungspunkte für Exkurse zum Thema Sprachgeschichte und Sprachwandel im Deutschunterricht. Wenn etwa der Barockdichter Gryphius schreibt *Wir sind doch nunmehr gantz / ja mehr denn gantz verheeret!* (Gryphius: *Thränen des Vaterlandes Anno 1636*) oder Goethe Formulierungen verwendet wie *Denn fast ward eben so sehr mit Worten gestritten als mit der Klinge gefochten* (Goethe: *Dichtung und Wahrheit*), könnten Schüler über *mehr denn* (statt *mehr als*) bzw. *eben so sehr als* (statt *eben so sehr wie*) oder über die Verbform *ward* (statt *wurde*) stolpern. Dies bietet dem Lehrer die Gelegenheit, in Form eines kurzen Exkurses oder einer anschließenden Unterrichtseinheit über den Sprachwandel mit den Schülern zu reflektieren. Hier könnte konkret im einen Fall über den Wandel der Vergleichspartikeln gesprochen werden (*als* urspr. Vergleichspartikel bei Gleichheit, wurde zur Vergleichspartikel bei Ungleichheit und ersetzte hier vormaliges *denn*, vgl. umgangssprachlich / dialektal gleicher Wandel bei *wie*,

s. Kap. 3.3). Im anderen Fall könnte morphologischer Wandel in der Verbflexion thematisiert werden (analogischer Ausgleich, d. h. Vereinheitlichung unterschiedlicher Stammformen im Singular und Plural Präteritum starker Verben: *ward / wurden > wurde / wurden*, vgl. *was / waren > war / waren* im obigen ahd./mhd./fnhd. Beispieltext sowie aktuelle Tendenzen zu Ausgleich der Stammformen von Präteritum und Partizip II z. B. bei *schwamm / geschwommen > schwomm / geschwommen* etc., s. Kap. 4.1). Letzteres können Schüler bspw. durch Erzeugung einer Wortverlaufskurve zu *ward* im digitalen Wörterbuch der deutschen Sprache (DWDS, http://www.dwds.de/r/plot?q=ward), die ab 1750 einen leichten, ab 1870 einen deutlichen Rückgang zeigt, und Internetrecherchen nach Belegen der Wortform *schwomm* im Sinn des forschenden Lernens selbst untersuchen.

Im Lauf des 19. und 20. Jahrhunderts bildete sich die überregionale deutsche Standardsprache heraus, die sich durch die Normierung weniger frei verändert, dennoch aber wie jede lebendige Sprache fortwährenden Sprachwandel zeigt, wie Schülern nicht nur anhand von literarischen Texten, sondern auch Alltagstexten wie bspw. Briefen oder Tagebüchern ihrer eigenen Urgroß- und Großeltern im Vergleich zur heutigen Sprache und aktuellem, etwa in Internetforen diskutiertem Wandel erfahrbar gemacht werden kann. Parallel zur Standardsprache existieren natürlich weiterhin regionale und soziolektale Varietäten (s. Kap. 3.3, 4.2). Sprachliche Zweifelsfälle und Variation in unserer Gegenwartssprache lassen sich als im Gang befindlicher Sprachwandel erklären und können Anlass zur Thematisierung von aktuellem Wandel unter Heranziehung von parallelen Wandelphänomenen in der Geschichte unserer Sprache sein (s. Kap. 3.4, 4.1).

2.5 Aufgaben

1. Nachdem Sie Ihren Schülern einen althochdeutschen Satz mit Übersetzung vorgelegt und vorgelesen bzw. eine entsprechende Audio-Datei vorgespielt haben, lassen Sie sie Unterschiede zum heutigen Deutschen benennen. Die Schüler antworten sinngemäß, „Die Wörter sind anders geschrieben“, und finden zunächst keine weiteren Unterschiede. Wie können Sie die Schüler dabei unterstützen, zu erkennen, dass die Unterschiede nicht allein in der Schreibung (Graphematik) liegen?
2. Mit welchen didaktischen Herangehensweisen könnten Sie auf schülergerechte und motivierende Weise eine Übersetzung zu einem mittelhochdeutschen Textausschnitt erarbeiten?

3. Bei der Besprechung von Schillers Drama *Die Räuber* in einer neunten oder zehnten Klasse fragt Sie ein Schüler nach der Form *zeuch* in *zeuch dein Schwerd, und ich bin glücklich.* Informieren Sie sich in einschlägigen Handbüchern wie den historischen Grammatiken von Braune / Heidermanns (2018), Paul (2007) und Ebert et al. (1993) über die sprachgeschichtlichen Hintergründe der Imperativ-Form von ‚ziehen' und ihren Wandel (s. auch Kap. 3.4) sowie ergänzend durch statistische Auswertung (Wortverlaufskurve) im DWDS (http://www.dwds.de) darüber, ab wann der Gebrauch der Form *zeuch* zurückgegangen ist. Sehen Sie Parallelen im aktuellen Sprachwandel? Welche didaktisch angemessen reduzierte Auskunft könnten Sie dem Schüler vor diesem Hintergrund geben?

3 Sprachgeschichte als Anregung zur Reflexion über Sprache

3.1 Warum verändert sich die Sprache?

Unsere Sprache ist uns normalerweise völlig selbstverständlich. Unhinterfragt und ohne groß darüber nachzudenken sprechen wir, ähnlich wie wir laufen. Über dieses Selbstverständliche zu reflektieren – die **Reflexion über Sprache** – ist ein zentrales Ziel des Deutschunterrichts, das bspw. auch in den bundesdeutschen Bildungsstandards und Kernlehrplänen formuliert ist. Durch das Nachdenken über Sprache als System und ihren Gebrauch, d. h. deskriptive „Spracherkundung und deren metakognitive Einordnung", wird **Sprachbewusstheit** ausgebildet, also die Kompetenz, „explizit über sprachlich-kommunikative Gegenstände und Sachverhalte zu reflektieren und das eigene Sprachverhalten ggf. diesen Fähigkeiten gemäß zu organisieren" (Meer 2013: 401). Sprachgeschichte und Sprachwandel bieten ideale Anlässe für Sprachreflexion. Der Kontrast zu früher anders gebildeten sprachlichen Ausdrücken lässt Schüler erkennen, dass das vermeintlich Selbstverständliche unserer Sprache nicht selbstverständlich ist: Früher war es anders. Aber warum ist die Sprache eigentlich nicht so geblieben, wie sie vor 1000 oder 500 Jahren war? Wieso ist sie so geworden, wie sie heute ist? Warum verändert sie sich überhaupt? Und: Ist es in Ordnung, dass sie sich verändert, oder ist es schlecht, sollte man es verhindern?

Wenn Sprecher wahrnehmen, dass sich ihre Sprache verändert, kann dies wie jede Veränderung von Gewohntem, vermeintlich Unveränderlichem zu Verunsicherung führen. Die Spanne eines Menschenlebens genügt als Zeitraum, um Sprachwandel punktuell selbst zu erleben. Man bemerkt entsprechend umso mehr Veränderungen, je älter man wird: früher sagte man doch *sie bäckt*, heute eher schon *sie backt*, früher war *voll* bloß das Gegenteil von *leer*, heute verwenden es viele auch im Sinn von ‚sehr' z. B. in *voll lustig* usw. Im Vergleich zu den umfassenden Veränderungen unserer Sprache im Verlauf ihrer Geschichte (s. Kap. 2) sind dies nur minimale Details. Diese sprachhistorische Perspektive ist den Sprechern einer Sprache – und damit auch den Schülern – jedoch natürlich nicht bewusst. Daher führt die Verunsicherung angesichts des Wandels oft zu vorschneller Sprachkritik und Sorge um einen angeblichen **‚Sprachverfall'**. Diese Metapher hat eine eindeutig negativ-wertende Konnotation. Demgegenüber wird das Alte, Bekannte aufgewertet, ästhetisiert und idealisiert. So meint man, das Gewohnte klinge doch einfach besser als eine entsprechende neue Form, etwa *schwamm* oder *hilf* gegenüber den (noch) nicht normgemäßen, im aktuellen Wandel auftretenden Formen *schwomm* oder *helf*. Doch auch die Sprachverfallsklagen sind so alt wie die Sprache selbst. So war der Sprachwissenschaftler Jacob Grimm (einer der beiden Brüder Grimm) Mitte des 19. Jahrhunderts überzeugt, dass jeder fühlen müsse, „dasz es schöner und deutscher klinge zu sagen *buk wob boll* (früher noch besser *wab ball*) als *backte webte bellte*" (Grimm [1847] 1864: 340). Dieses Gefühl teilen wir heute nicht mehr.

Sprachverfallsklagen sind zudem hochgradig sozial aufgeladen: Entlang grammatischer Varianten wurden und werden soziale Grenzen konstruiert. Pauschalisierend wird die ‚Schuld' bei Fremden, Jugendlichen oder anderen sozialen Gruppen (vor 100 Jahren u. a. den Juden, heute den Migranten oder dem Einfluss des Englischen, s. Kap. 3.2) und den Medien (vor 100 Jahren den Zeitungen, heute SMS, Chat etc.) gesucht. Auch Schülern sollte diese soziopolitische Problematik der Sprachverfallsdebatte bewusst werden. Eine angemessenere Bewertung von aktuellem Wandel, wie sie in den Lehrplänen gefordert wird, setzt Einblicke in Sprachgeschichte und Mechanismen des Sprachwandels voraus, um zu erkennen, dass Sprachwandel ein natürliches Kennzeichen lebendiger Sprachen ist. Von Sprachverfall kann (und sollte angesichts der nicht nur sprachhistorischen, sondern auch sozialpolitischen Problematik dieses Begriffs) keine Rede sein. Wie kommt es aber, dass die Sprache sich beständig verändert?

Grundsätzlich lässt sich zwischen internen und externen **Ursachen des Sprachwandels** unterscheiden. In der Öffentlichkeit werden besonders **externe Ursachen**, also solche, die außerhalb des jeweiligen Sprachsystems liegen, gesehen. Dazu gehört Sprachwandel durch Sprachkontakt, der insbesondere auf der Ebene des Lexikons, also des Wortschatzes, in Form von Fremd- und Lehnwörtern wie den angesprochenen Anglizismen zu beobachten ist (s. Kap. 3.2), teilweise damit zusammenhängend auf phonologischer Ebene (z. B. ist [ʒ] neu ins Deutsche gekommen über Fremdwörter wie *Garage*), seltener in Morphologie oder Syntax. Zu den externen Ursachen gehört zudem soziokulturell, politisch etc. bedingter Sprachwandel, der sich ebenfalls im Lexikon, teils auch in der Semantik, seltener in der Grammatik zeigt (z. B. politisch korrekte Sprache, Leichte Sprache). Auch Normierung durch präskriptive Grammatiken kann als externer Faktor angesehen werden, der Wandel aber eher behindert als verursacht (s. zu Vergleichskonstruktionen Kap. 3.3). Insofern sich Sprache z. T. aufgrund von Veränderungen der Lebenswelt, Einstellungen etc. wandelt, kann Sprachgeschichte auch Einblicke in die Kulturgeschichte gewähren (s. Kap. 6).

Die meisten und durchgreifendsten Veränderungen unserer Sprache sind aber durch **interne Ursachen** des Sprachwandels bedingt, also solche, die in der

Sprache selbst liegen. Im Gegensatz zum oft eher zufälligen extern bedingten Wandel ist intern verursachter Wandel eher systematisch, tritt oft in ähnlicher Weise wiederholt (**zyklisch** s. Kap. 3.3, 4.2, 4.3) oder sprachübergreifend auf (z. B. Grammatikalisierungspfade s. Kap. 4.3). Interne Ursachen des Sprachwandels sind insofern besonders interessant, als sie uns Grundsätzliches über die Sprache selbst, ihre Regularitäten, ihr Funktionieren, teils sogar über die menschliche Kognition verraten. Sie sind aber im allgemeinen Bewusstsein weniger präsent und sollten daher in der Schule explizit angesprochen werden.

Hierzu gehört Sprachwandel, der durch einen anderen Sprachwandel ausgelöst wurde, etwa Wandel der stimmhaften durch Wandel der stimmlosen Plosive in der ersten und z. T. zweiten Lautverschiebung (s. Kap. 2.1 und 2.2), aber auch Wandel auf einer sprachlichen Ebene, der durch Wandel auf einer anderen verursacht wurde. So hat bspw. der phonologischen Wandel der Nebensilbenabschwächung (s. Kap. 2.3), die ihrerseits Folge des phonologischen Wandels zum germanischen Initialakzent ist (s. Kap. 2.1), einen morphologischen Wandel bewirkt, nämlich den Zusammenfall von Flexionssuffixen (**Synkretismus**) u. a. von verschiedenen Kasusformen der Nomen oder von Konjunktiv II und Präteritum Indikativ der schwachen Verben. Dies kann wiederum mit Ursache für syntaktischen Wandel sein, hier etwa die deutlichere Unterscheidung von verschiedenen Kasus durch Ausbildung der Artikel bzw. von Indikativ und Konjunktiv durch die *würde*-Konstruktion (s. Kap. 4.3).

Viele durch interne Ursachen ausgelöste Veränderungen lassen sich als **Markiertheitsabbau** verstehen (vgl. Wurzel 1994). Von den Ausprägungen eines sprachlichen Merkmals oder von zwei Strukturoptionen, die inhaltlich das Gleiche ausdrücken, kann eine als normal, natürlich oder **unmarkiert** und die andere dieser gegenüber als besonders, auffällig oder **markiert** angesehen werden. Auf phonologischer Ebene ist etwa [u] durch Merkmale wie [+ hinten], [+ oben] etc. markierter als [ə] mit den Merkmalen [– hinten], [– oben] (die Pluswerte stellen das Markierte dar, das mit mehr Aufwand versehen ist). In der Morphologie sind 1:1-Zuordnungen von sprachlichem Zeichen und Zeicheninhalt unmarkiert, Abweichungen davon wie Synkretismus (s. o.) oder **Allomorphie**, d. h. verschiedene Zeichenformen bei gleichem Inhalt, sind markiert. So ist es unmarkiert, wenn der Stamm eines Wortes in verschiedenen Flexionsformen übereinstimmt wie z. B. bei schwachen Verben (*reden – redet – redete* etc.), dagegen markiert, wenn er wie bei den starken Verben wechselt und so der Zusammenhang des Paradigmas schwerer erkennbar ist (*geben – gibt – gab* etc.).

Ob ein sprachlicher Ausdruck markiert ist oder nicht, hängt außerdem mit dem gesamten Sprachsystem zusammen (**Systemkonformität**). In dieser Hinsicht sind starke Verben ebenfalls markiert gegenüber den deutlich zahlreicheren schwachen. Auch die **Frequenz** spielt also eine Rolle im Sprachwandel. Zudem sind ikonische Zeichen unmarkiert, d. h. wenn einem ‚Mehr an Inhalt' auch ein ‚Mehr an Form' entspricht. Auch dies gilt z. B. bei schwachen gegenüber starken Verben (*redete* ist länger als *redet*: zusätzliche Information ‚Vergangenheit', vs. *gab* kürzer als *gibt*), aber auch bei Nomen, die im unmarkierten Fall durch ein ‚Mehr an Form' den zusätzlichen Inhalt Plural ausdrücken (z. B. *Mann – Männer*) und markiert sind, wenn dies nicht der Fall ist (**Nullplural**: *Eimer – Eimer*). Abbau von Markiertheit ist ein natürlicher Motor für Sprachwandel. Im Bereich der Phonologie sind die Nebensilbenvokale im Deutschen zum unmarkierten [ə] geworden (nicht etwa alle zum im Vergleich markierten [u]). Seit Jahrhunderten werden starke Verben zu schwachen (s. auch Kap. 3.4 und 4.1), Nomen mit Nullplural übernehmen Pluralflexive anderer Nomen (s. Kap. 4.1) usw.

Markiertheitsabbau lässt sich auch als Wirken sprachlicher **Ökonomie** fassen: Merkmale, aber auch Strukturen oder bspw. syntaktische Operationen beim Bilden eines Satzes werden durch den Sprachwandel reduziert. Dennoch wird die Sprache nicht immer einfacher. Zum einen sind der Ökonomie insofern Grenzen gesetzt, als durch den sprachlichen Ausdruck immer noch ein u. U. sehr komplexer Inhalt hinreichend differenziert vermittelt werden muss. Zum anderen führt Vereinfachung auf einer Ebene des Sprachsystems oft zu Verkomplizierung auf einer anderen, z. B. die phonologische Markiertheitsabnahme durch die Nebensilbenabschwächung zu morphologischer Markiertheitszunahme (Störung der 1:1-Zuordnung durch Synkretismus) oder syntaktischer Markiertheitszunahme (komplexere Struktur von Nominalphrasen durch Entstehung der Artikel oder von Verbalphrasen durch Herausbildung von mit Hilfsverben gebildeten Verbformen, s. Kap. 4.3).

In der Sprachwandeltheorie gibt es verschiedene Auffassungen darüber, ob Sprachwandel v. a. durch Vereinfachungen im alltäglichen Sprachgebrauch erwachsener Sprecher zustandekommt (vgl. z. B. Kellers 2014 Theorie der ‚unsichtbaren Hand' s. Kap. 6.1) oder vor allem durch den Spracherwerb (vgl. Lightfoot 1999, Meisel et al. 2013). In der Tat wird Unmarkiertes früher und zuverlässiger erworben als Markiertes, und Fehler, die Kinder, aber auch Zweitsprachlerner im Spracherwerb machen (z. B. schwache statt starker Verbflexion: *gebindet*, *kommte*, neue Pluralformen bei Nullplural: *Löffeln*, *Tunnels* etc.), gehen zumeist in die gleiche Richtung, wie sie sich im Sprachwandel oft schon seit Jahrhunderten zeigt (s. Kap. 3.4, 4.1; zum Spracherwerb s. auch LingusS-Bände 2 und 10). Sie tragen dazu bei, dass die Sprache in dem jeweiligen Bereich unmarkierter, regelmäßiger wird. Gerade Kernbereiche des Sprachsystems wie Morphologie, Syntax oder Satzsemantik sind prädestiniert für Wandel durch Spracherwerb aufgrund von **Reanalyse**. Sprachlerner müssen der Lautkette, die sie hören, selbst eine Struktur zuweisen: Wo sind Morphem- und Wortgrenzen, wo Grenzen von Satzgliedern oder Sätzen? Welches Element hat welche Kategorie (Wortart etc.)? Welches ist von welchem abhängig? Da die Strukturanalyse nicht ‚mitgeliefert' wird, kommt es vor, dass Lerner dem sprachlichen Ausdruck eine andere Struktur unterlegen und so eine andere Grammatik aufbauen (s. zur Entstehung von Pluralflexiven durch Reanalyse Kap. 4.1). Für den Deutschunterricht bieten sich also zum einen spannende Verbindungen zum in der Oberstufe ebenfalls in den Kernlehrplänen vorgesehenen Themenkomplex Spracherwerb. Zum anderen treten Fehler der erwähnten Art auch im Schulalter durchaus noch auf oder sind die Basis für sprachliche Zweifelsfälle (s. Kap. 3.4) und können als Anlass für sprachhistorische Erläuterungen und Sprachreflexion konstruktiv genutzt werden. Sie verdeutlichen den Schülern ihre eigene aktive Rolle im Sprachwandel.

3.2 Wie verändert sich Sprache durch Sprachkontakt?

> [...] daß man die Hochdeutsche Sprache in jhren rechten wesen und standt / ohne einmischung frembder außländischer wort / auffs möglichste und thunlichste erhalte.

Dieses Zitat stammt aus dem „Kurtzen Bericht" der *Deutschen Akademie des 17. Jahrhunderts Fruchtbringende Gesellschaft*, einem Verein, der sich der Pflege und Reinigung der deutschen Sprache, v. a. von „frembde[n] außländische[n] w[örtern]", verschrieben hatte. Im besonderen Fokus dieses Sprachreinigungsvorhabens standen **Lehnwörter**, also aus anderen Sprachen übernomme und – im Gegensatz zu Fremdwörtern – ins Deutsche integrierte Wörter wie *Fenster* oder *Fieber*, für die von der Fruchtbringenden Gesellschaft ‚genuin deutsche' Wortbildungen wie *Tageleuchter* oder *Zitterweh* als Alternativen vorgeschlagen wurden. Aus heutiger Perspektive ist hierbei nicht nur interessant, dass sich die vorgeschlagenen Alternativen in vielen Fällen nicht durchsetzen konnten (durchsetzen konnte sich aber z. B. *Durchmesser* gegenüber *Diameter*) und heute eher Belustigung hervorrufen. Es lässt sich vielmehr feststellen, dass die im

17. Jahrhundert kritisierten ‚fremden Wörter' heute zu einem ganz natürlichen Bestandteil unseres Wortschatzes geworden sind.

Sprachverfallsklagen sind vermutlich so alt wie die Sprache selbst (vgl. Kap. 3.1) und doch gibt es bis heute keinen Beleg für eine Sprache, die durch fremdsprachliche Einflüsse tatsächlich verfallen ist. Aktuell übt z. B. der *Verein Deutsche Sprache* (VDS) Kritik am „Mangel an Sprachloyalität und [der] schwach ausgeprägten Förderung der deutschen Sprache von staatlicher Seite" (http://vds-ev.de/leitlinien/). Diese Forderungen aufgreifend hat der VDS einen „Anglizismenindex" entwickelt, der deutschsprachige Entsprechungen für englische Fremd- und Lehnwörter wie *Babysitter* (*Kinderhüter(in)*, *-betreuer(in)*) oder *Airbag* (*Prallkissen*) bereithält. Für ein breites öffentliches Interesse an Anglizismen und Anglizismenkritik spricht auch die konstant hohe Zahl an Presseartikeln zu diesem Thema.

Dass mit den Anglizismen in erster Linie ein lexikalisches Phänomen im Fokus von sprachpflegerischen Aktivitäten und populärer Sprachkritik steht, ist nicht verwunderlich. Im Vergleich zu den kerngrammatischen Ebenen, der Phonologie, der Morphologie und der Syntax, ist die Lexik deutlich sensibler für außersprachliche Einflüsse und wandelt sich schneller. Sprecher bemerken somit eher, wenn neue Begriffe entlehnt werden. Lautliche oder auch syntaktische Veränderungen erfolgen dagegen über sehr lange Zeiträume (manchmal mehrere hundert Jahre) und werden somit weniger bewusst wahrgenommen.

Die deutsche **Entlehnungsgeschichte** reicht über die Anglizismen und die von der *Fruchtbringenden Gesellschaft* im 17. Jahrhundert kritisierten überwiegend aus romanischen Sprachen stammenden Entlehnungen bis zu Entlehnungen in germanischer Zeit zurück und lässt sich wie folgt zusammenfassen (vertiefend Nübling et al. 2017: 175–177):

- Neben Entlehnungen aus dem Keltischen (z. B. keltisch *ambactos* > nhd. *Amt*) und Slawischen (z. B. russ./pol. *granica*/tschech. *hranice* > nhd. *Grenze*) stammen die meisten Wörter, die im 1.–5. Jahrhundert entlehnt wurden, aus der Prestigesprache Latein. Quellbereiche sind überwiegend Kulturtechniken, für die im Germanischen keine Bezeichnung zur Verfügung stand, z. B. Fachwörter aus der Bautechnik (*Ziegel* < lat. *tegula*). Diese Wörter wurden alle noch vor der zweiten Lautverschiebung (vgl. Kap. 2.2) entlehnt und haben diesen Lautwandelprozess ebenso durchlaufen wie genuin germanische Wörter (vgl. die Affrikate [ts] in *Ziegel*).

- Im Zuge der Christianisierung (6.–9. Jahrhundert) wurden kirchliche Bezeichnungen aus dem Lateinischen entlehnt (z. B. *Kapelle* < mittellat. *cap(p)ella*).
- Im Mhd. (1050–1350) wird Französisch zur Prestigesprache und löst Latein als Gebersprache ab. Entlehnungen aus dem Französischen (Gallizismen) bezeichnen v. a. wichtige Bestandteile der mittelalterlichen höfischen Kultur, wie z. B. *Turnier* (aus dem altfranzösischen Verb *tornier*) oder *Abenteuer* (mhd. *âventiure* < afrz. *aventure*).
- Im Humanismus und Barock (15.–16. Jahrhundert) gelangen einerseits lateinische und griechische Wörter ins Deutsche, andererseits fungiert das Italienische als Gebersprache, z. B. *Piano*, *Oper*.
- Die sog. *Alamodezeit* (17. Jahrhundert) befördert wiederum Entlehnungen aus dem Französischen (z. B. *Galerie*, *Toilette*).
- Im 18. Jahrhundert beginnt der Aufstieg des Englischen zur Prestigesprache. Zunächst werden politische Wörter (*Parlament*) entlehnt, im 19. Jahrhundert folgen Wörter aus Sport (*Trainer*), Presse (*Reporter*), Handel (*Kartell*) und Gesellschaft (*Gentleman*). Der Status des Englischen als Prestige- und Gebersprache hat durch die große politische und soziokulturelle Bedeutung der USA ab dem Zweiten Weltkrieg weiter zugenommen (vgl. aktuell *E-Mail*, *Selfie*).

Aus diesem Überblick über die Entlehnungsgeschichte wird deutlich, dass es sich bei den aktuellen Entlehnungen aus dem Englischen um natürliche Prozesse lexikalischen Wandels handelt. Sprecher entlehnen aus sozial, politisch und kulturell bedeutenden Prestigesprachen Wörter, für die es im Wortschatz der Nehmersprache keine Entsprechung gibt (z. B. *Selfie*), die sie als expressiver als einheimische Wörter empfinden (z. B. *Party* statt *Feier*), oder verwenden Entlehnungen, um modern und zeitgemäß zu wirken (z. B. *Facility Manager*). In der Sprachgeschichte waren vor allem Latein und Französisch solche Prestigesprachen, heute nimmt das Englische diese Rolle ein. Zudem hat das Deutsche aus vielen weiteren Sprachen Wörter übernommen, z. B. *Sofa* aus dem Arabischen, *Butter* aus dem Griechischen oder *mies* aus dem Hebräischen (via Jiddisch). Dass jedoch durch Entlehnungen kein Verfall des Deutschen zu erwarten ist, zeigen schon Beispiele wie *Fenster* oder *Fieber*, die als lateinische Lehnwörter noch im Zentrum der Sprachkritik des 17. Jahrhunderts standen, heute jedoch vollständig in den deutschen Wortschatz integriert sind. Dies gilt in manchen Fällen auch für englische Lehnwörter wie bspw. *Keks* (< engl. *cakes*).

Selbst wenn Wörter noch deutlich sichtbare (phonologische, graphematische, morphologische und syntaktische) Merkmale der Gebersprache aufweisen und somit als **Fremdwörter** im Deutschen wahrnehmbar sind (z. B. *Pizza* oder *surfen*), lassen sie sich oftmals problemlos in das deutsche Flexionssystem integrieren – bei *Pizza* z. B. hinsichtlich der Pluralbildung (*Pizzen / Pizzas*), im Falle von *surfen* z. B. die Tempusflexion betreffend (*surfen, surfte, gesurft*). Im Bereich der Phonologie und Graphematik gibt es sowohl Belege für im Deutschen fremde Lautkombinationen (z. B. *Bouillon* [jɔŋ]) und Schreibweisen (z. B. *Cousin*) als auch für phonologische und graphematische Integration (z. B. wird die fremde Lautkombination [ʤ] z. B. in *Dschungel* zunehmend als [ʧ] realisiert).

Zusammenfassend wird deutlich, dass zum einen die deutsche Grammatik von Lehneinflüssen weitgehend unberührt bleibt – ganz im Gegenteil hierzu sind es eher die fremden Wörter, die sich an das deutsche Sprachsystem anpassen. Zum anderen findet durch die Entlehnung von Fremdwörtern keine willkürliche ‚Verdrängung' des deutschen Erbwortschatzes statt. Vielmehr bereichern Entlehnungen wie im 15./16. Jahrhundert *Konto* oder aktuell *Fake News* den deutschen Wortschatz, da sie neue oder zumindest von Sprechern als passender oder expressiver empfundene sprachliche Mittel bereitstellen. In manchen Fällen lassen sich zwar deutsche **Lehnbildungen** (Nachbildungen aus nativem Sprachmaterial, z. B. *Flutlicht* für engl. *flood light*) finden, diese sind aber nur dann erfolgreich, wenn Sprachnutzer sie als kommunikativ angemessen einstufen. So konnten sich viele der im „Anglizismenindex" des VDS vorgeschlagenen Alternativen wie bspw. das eingangs genannte *Prallkissen* für *Airbag* nicht durchsetzen. Das hängt mit der **kommunikativen Funktion von Sprache** zusammen. Sprecher setzen Sprache „sowohl situationsangemessen als auch intentionsadäquat (erfolgsorientiert)" ein (Niehr 2002: 12). Ob ein Anglizismus wie *(technischer) Support* tatsächlich zu Missverständnissen führt, kann also nicht – wie Sprachpfleger dies häufig tun – ohne einen konkreten kommunikativen Kontext beurteilt werden. Richtet sich der *Support* bspw. (auch) an ein nicht-deutschsprachiges Publikum (z. B. in Firmen mit internationalen Mitarbeitern), dürfte der Anglizismus für eine größere Zahl der Sprachnutzer verständlicher sein, als dies bei einer alternativen deutschen Bezeichnung der Fall wäre.

An einem authentischen Sprachbeispiel zeigt Niehr (2002: 7) ein weiteres Problem, das sich durch die von Sprachpflegern vorgeschlagene Ersetzung von Anglizismen durch deutsche Entsprechungen ergibt. Wie das folgende Beispiel aus der FAZ verdeutlicht, ist keines der deutschen Synonyme in der Lage, die Bedeutung des Originals adäquat wiederzugeben. Dies ist kaum verwunderlich, wurde der Anglizismus im Pressetext doch gerade gewählt, um eine von *Kindern*, *Kleinen* etc. abweichende Konnotation zu transportieren.

Original
Die Kids in der Familie haben nur noch wenig Sinn für HiFi der behäbigen Art.

Ersetzungen
1. Die *Kinder* in der Familie haben nur noch wenig Sinn für HiFi der behäbigen Art.
2. Die *Kleinen* in der Familie haben nur noch wenig Sinn für HiFi der behäbigen Art.
3. Die *Jugendlichen* in der Familie haben nur noch wenig Sinn für HiFi der behäbigen Art.

Es bleibt Sprechern überlassen, ob und in welchem Kontext sie Anglizismen verwenden. Beim Blick in die Sprachgeschichte muss man sich jedoch um einen ‚Verfall' der deutschen Sprache keine Sorgen machen: Das Deutsche war schon immer eine Nehmer- und übrigens auch Geberspräche für Entlehnungen (vgl. etwa *autobahn*, *angst* oder *ersatz* als deutsche Entlehnungen im Englischen). Die entlehnten Wörter bereichern die deutsche Sprache, indem sie sie kommunikativ anreichern. Gezielt nach Alternativen für Anglizismen suchen muss man folglich nicht. Das würden Sprecher bereits tun, wenn der deutsche Begriff für sie einen kommunikativen Mehrwert darstellte. Andernfalls werden einfach weiter die aus dem Englischen entlehnten Wörter wie z. B. die zum „Anglizismus des Jahres" gekürten *Shitstorm* (2011), *Crowdfunding* (2012) oder *Influencer* (2017) verwendet. Ändert sich aus sprachexternen Gründen eines Tages der Status des Englischen als Prestigesprache, werden einige Anglizismen von selbst aus der Sprache verschwinden (wie früher verbreitete Gallizismen wie *Plümo* < frz. *plumeau* ‚Bettdecke'), andere werden integrierter Bestandteil unserer Sprache geworden sein (wie die Gallizismen *Möbel* oder *Büro*).

3.3 Sprachgeschichte und Dialekte

Et bliev nix wie et wor. ‚Es bleibt nichts, wie es war.' (Kölsches Grundgesetz, § 5)

Diese Volksweisheit, die nicht zuletzt auch für die Sprache gilt, die ja beständigem Wandel unterworfen ist, illustriert in ihrer besonderen sprachlichen Form, dass im heutigen Deutschen durchaus beträchtliche sprachliche Variation besteht. Dies äußert sich neben soziolektalen Varietäten (vgl. u. a. Kiezdeutsch Kap. 4.2) auch in regionalen Varietäten wie den Dialekten. Sprachvarietäten – diese ‚Sprachen in der Sprache' – sind auch als Unterrichtsgegenstände in den Lehrplänen für das Fach Deutsch vorgesehen. Insofern **Variation und Wandel** eng zusammenhängen, bietet sich hier ein lebensweltnaher Zugang zum Thema Sprachgeschichte und Sprachwandel für die Schüler, insbesondere wenn der örtliche Dialekt als Ausgangspunkt gewählt wird. Abweichungen von dem aus der Standardsprache Bekannten lassen sich nämlich als nicht erfolgter Sprachwandel, also Bewahrung von Älterem, oder als zusätzlich erfolgter Sprachwandel und somit sprachliche Neuerung bzw. eigenständige Entwicklung im Vergleich zur Standardsprache erklären. Dialekte hat es schon immer gegeben. Historische Sprachstufen wie Alt- und Mittelhochdeutsch stellen eher Konglomerate unterschiedlicher Dialekte als einheitliche Sprachformen dar. Die überregionale Standardsprache hat sich demgegenüber erst spät ausgebildet (s. Kap. 2.4).

Die dialektalen Unterschiede kommen dadurch zustande, dass ein Sprachwandel in bestimmten Regionen früher, in anderen nur verzögert oder eben gar nicht stattgefunden hat. Grundlegend für die Einteilung der Dialekte des Deutschen ist dabei insbesondere ein phonologischer Wandel: die **zweite Lautverschiebung** (s. Kap. 2.2). Diese ist im Norden des deutschen Sprachraums, im **Niederdeutschen** (s. Abb. 7), wie in anderen germanischen Sprachen, z. B. dem Englischen oder Niederländischen, nicht erfolgt, so dass sich hier interessante Gemeinsamkeiten ergeben, z. B. niederdt. *maken* vgl. engl. *make*, nl. *maken*. Die südliche Grenzlinie des niederdeutschen Sprachgebiets, bis zu der u. a. *maken* statt *machen* üblich ist (*maken-machen*-Isoglosse), ist die sogenannte Benrather Linie. Südlich davon liegt das hochdeutsche Sprachgebiet, in dem die zweite Lautverschiebung zu unterschiedlichen Graden erfolgt ist.

Entsprechend sind Varietäten wie Bairisch, Sächsisch, Schwäbisch oder das eingangs illustrierte Kölsch, Teil der in der Dialektologie als Ripuarisch bezeichneten Varietät, **Hochdeutsch** (aber natürlich nicht Standarddeutsch). Im Ripuarischen bspw. ist die zweite Lautverschiebung nur z. T. erfolgt, so finden wir im eingangs angeführten Beispiel noch den alten Plosiv [t] in *et* (vgl. engl.

it) gegenüber verschobenem *es* in südlicheren Dialekten und im Standarddeutschen. Andererseits weist *machen* im Ripuarischen wie generell im Hochdeutschen zweite Lautverschiebung des Plosivs [k] > [x] auf, vgl. *Wat wellste maache* (Kölsches Grundgesetz, § 7; hier außerdem unverschobenes [t] in *wat* statt *was*). Während im Kölschen daneben altes Doppel-[p] in *Appel* erhalten ist wie bspw. auch im Hessischen, Sächsischen und anderen mitteldeutschen Dialekten, ist dieses durch die zweite Lautverschiebung südlich der sogenannten Speyerer Linie, im **Oberdeutschen**, das zusammen mit dem **Mitteldeutschen** das Hochdeutsche bildet (s. Abb. 7), zu [pf] verschoben: *Apfel*. Im Norden und z. T. in der Mitte des deutschen Sprachraums ist die zweite Lautverschiebung also in geringerem Umfang nachzuweisen als in der Standardsprache. Im äußersten Süden ist sie dagegen sogar stärker ausgeprägt, d. h. hier hat zusätzlicher Wandel stattgefunden, der in der Standardsprache nicht zu sehen ist, nämlich Verschiebung von [k] je nach lautlichem Kontext zu [x], vgl. *Chind* [xɪnt] ‚Kind', bzw. [kx], vgl. *Stock* [ʃtɔkx] ‚Stock', in bestimmten schweizerdeutschen (hochalemannischen) Varietäten. (Die Karte in Abb. 7 zeigt den deutschen Sprachraum um 1900, jedoch zur leichteren Orientierung mit den heutigen politischen Grenzen.)

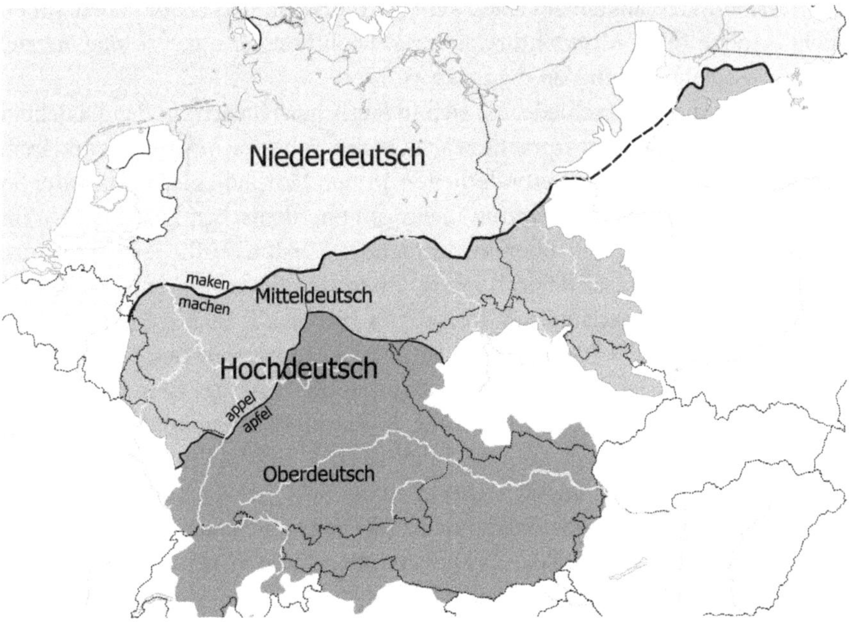

Abb. 7: Dialektale Großräume des Deutschen (nach König 2001)

Andere Lautwandelphänomene sind ebenfalls regional unterschiedlich erfolgt und schlagen sich in lautlichen Unterschieden der Dialekte nieder. Dies gilt bspw. auch für die **frühneuhochdeutsche Monophthongierung** (s. Kap. 2.4), die z. B. im Bairischen nicht erfolgt ist, wo an entsprechenden Stellen noch Diphthonge gesprochen werden (vgl. *Bruada* ‚Bruder', *liab* ‚lieb', *griassn* ‚grüßen'), oder die **frühneuhochdeutsche Diphthongierung** (s. Kap. 2.4), die z. B. in Teilen des Alemannischen (Schweizerdeutsch) sowie im Niederdeutschen nicht erfolgt ist (vgl. *Huus* ‚Haus', *miin* ‚mein'), ebenso wenig im Ripuarischen, wie *bliev* statt diphthongiertem *bleibt* im eingangs zitierten Beleg verdeutlicht.

Auch viele Schüler kennen durchaus derartige dialektale Unterschiede, so dass man im Unterricht als Einstieg bspw. exemplarische Dialektwörter auf einer Karte des deutschen Sprachraums grob zuordnen lassen kann (Wo sagt man *wat* statt *was*, wo *guat* statt *gut*, wo *ick* statt *ich* etc.?), um dann davon ausgehend auf die Einteilung der dialektalen Großräume (Niederdeutsch, Hochdeutsch: Mitteldeutsch + Oberdeutsch) und die sprachhistorischen Hintergründe als Erklärung der Unterschiede zu sprechen zu kommen und dabei vergleichend etwa englische Wörter (nicht erfolgte zweite Lautverschiebung) bzw. historische Wortformen z. B. aus einem ahd./mhd. Textausschnitt einzubeziehen (noch nicht erfolgte fnhd. Monophthongierung / Diphthongierung, vgl. *sine*, *uz* etc. in den Beispieltexten in Kap. 2.2 und 2.3).

Nicht nur die Unterschiede, die sich in lautlicher Hinsicht in den Dialekten im Vergleich zur Standardsprache zeigen, lassen sich sprachhistorisch erklären, sondern auch dialektale Besonderheiten in der Morphologie, Syntax etc. So gibt es im Bereich der Verbflexion in einigen oberdeutschen Dialekten ein im Plural in allen Personen übereinstimmendes Flexionssuffix (Synkretismus: **Einheitsplural**, z. B. schwäbisch 1./2./3. Pl. *mach-et*), das ein entsprechendes Flexiv des Mittelhochdeutschen fortsetzt (2./3. Pl., z. T. auch 1. Pl. *mach-ent*). Zu dialektalen Unterschieden in der nominalen Numerusflexion s. Kap. 4.1. In syntaktischer Hinsicht bestehen ebenfalls interessante Bezüge zwischen Sprachgeschichte, Sprachwandel und Dialekten. So konnte die Verneinung (Negation) im Althochdeutschen, vgl. (2), und teilweise auch im Mittelhochdeutschen (s. Kap. 2.3: *ime was da keine stat nicht*) in einem Satz mehrfach gekennzeichnet werden (s. Jäger 2008), obwohl der Satz insgesamt als einfach verneint zu verstehen ist (**Negationskongruenz**). Dies kommt auch in manchen heutigen Dialekten vor, v. a. im Oberdeutschen, s. (3) (vgl. die Karte im Atlas zur deutschen Alltagssprache http://www.atlas-alltagssprache.de/runde-3/f07f-f08a).

(2) ***nioman ni**mag zuueion herron thionon*
niemand nicht-kann zwei Herren dienen
‚Niemand kann zwei Herren dienen' (Tatian, um 830)

(3) ***Neamd** is **ned** kema*
niemand ist nicht gekommen
‚Niemand ist gekommen.' (Bairisch)

Ein weiteres Beispiel sind die **Vergleichskonstruktionen** (s. Jäger 2017): In den meisten hochdeutschen Dialekten und verbreitet in der Umgangssprache wird die Vergleichspartikel *wie* nicht nur wie in der Standardsprache in Vergleichen der Gleichheit (Äquativen), sondern auch in Vergleichen der Ungleichheit (Komparativen) verwendet, z. B. *Sie macht es besser **wie** ich* (vgl. die Karte unter http://www.atlas-alltagssprache.de/vergleichspartikel). Dies lässt sich vor dem Hintergrund der Sprachgeschichte als reguläre Fortsetzung des historischen Sprachwandels in diesem Bereich verstehen, s. Abb. 8.

<table>
<tr><th rowspan="2"></th><th colspan="2">Äquative</th><th rowspan="2">Komparative</th></tr>
<tr><th>Nicht-Grad-Äquative</th><th>Grad-Äquative</th></tr>
<tr><td>Ahd.</td><td colspan="2">so</td><td>danne</td></tr>
<tr><td>Mhd.</td><td>also</td><td>so</td><td>dann/denn</td></tr>
<tr><td>Fnhd. 15. Jh.</td><td colspan="2">als</td><td>denn</td></tr>
<tr><td>Fnhd. 16. Jh.</td><td>wie</td><td>als</td><td>denn</td></tr>
<tr><td>Nhd. 17./18. Jh.</td><td>wie</td><td colspan="2">als</td></tr>
<tr><td>Nhd. 19. Jh.,
Standarddeutsch</td><td colspan="2">wie</td><td>als</td></tr>
<tr><td>Umgangssprache/
viele hochdt. Dialekte</td><td colspan="3">wie</td></tr>
</table>

Abb. 8: Hauptmuster des Vergleichsanschlusses in der deutschen Sprachgeschichte: Komparativzyklus (nach Jäger 2017: 80)

Im Althochdeutschen wurde in Komparativen überwiegend die Partikel *thanne / danne* gebraucht (vgl. engl. *than*), in den Äquativen die Partikel *so*. In mhd. Komparativen findet sich weiterhin zumeist *dann / denn* (seltener *wan*(*ne*)), in den Äquativen *so*, jedoch vor allem in denen, die den Grad einer Eigenschaft ausdrücken (z. B. ‚Sie macht es so gut wie ich'). In Nicht-Grad-Äquativen (z. B. ‚Sie macht es so wie ich') wird die Vergleichspartikel *so* in der Regel durch *al* (urspr. ‚ganz') zu *also* verstärkt, das sich durch Nebensilbenabschwächung lautlich zu *alse/als* entwickelt. Dieses wird im Frühneuhochdeutschen des 15. Jahrhunderts auch in Grad-Äquativen überwiegend verwendet. Im 16. Jahrhundert setzt sich in den Nicht-Grad-Äquativen *wie* als Hauptmuster durch. In den Komparativen ist weiterhin *denn* (selten *weder*) üblich. Es hieß also damals *Sie macht es so* ***wie*** *ich*, aber *Sie macht es so gut* ***als*** *ich* und *Sie macht es besser* ***denn*** *ich*. Zu Beginn des Neuhochdeutschen, d. h. ab der zweiten Hälfte des 17. Jahrhunderts, löst die ursprünglich nur in Äquativen verwendete Partikel *als* das alte *denn* in den Komparativen ab. Es heißt nun üblicherweise *Sie macht es besser* ***als*** *ich* und weiterhin *Sie macht es so gut* ***als*** *ich* sowie *Sie macht es so* ***wie*** *ich* (vgl. die Entsprechungen im heutigen Französischen *Elle fait cela mieux* ***que*** *moi* wie *Elle fait cela aussi bien* ***que*** *moi* vs. *Elle fait cela* ***comme*** *moi*). Erst im Lauf des 19. Jahrhunderts setzt sich (entgegen den Forderungen der präskriptiven Grammatikschreibung) *wie* auch in den Grad-Äquativen durch (*Sie macht es so gut* ***wie*** *ich*).

Im Überblick der Entwicklung (vgl. Abb. 8) sieht man eine wiederholt ablaufende Verschiebung der Vergleichspartikeln von den Äquativen (zunächst Nicht-Grad-, dann Grad-Äquativen) zu den Komparativen, die als **Komparativzyklus** bezeichnet wird. Während einige Dialekte ältere Vergleichspartikeln bewahrt haben (Komparativpartikeln *weder*, *wan* in bestimmten schweizerdeutschen Dialekten, *denn* in manchen niederdeutschen Dialekten, Äquativpartikel *as* (< *als*) im Niederdeutschen), hat sich wie erwähnt in den meisten hochdeutschen Dialekten *wie* auch in den Komparativvergleichen durchgesetzt und damit gegenüber dem durch Normierung in der Standardsprache bewahrten Sprachstand eine Weiterentwicklung in der gleichen Richtung stattgefunden, die schon im historischen Wandel über die Jahrhunderte ersichtlich ist.

Weitere, dialektale und regiolektal-umgangssprachliche Variation zeigende Phänomene finden sich auch für linguistische Laien verständlich aufbereitet und gut für Unterrichtszwecke nutzbar u. a. online im Atlas zur deutschen Alltagssprache (http://www.atlas-alltagssprache.de) oder im SyHD-Atlas (http:// www. syhd.info / apps / atlas). Hierdurch wird nicht nur der Umgang mit diskontinuierlichen Medien (Dialektkarten) geschult, sondern es finden sich in den zugehörigen Erläuterungen auch explizite Bezüge zu Sprachgeschichte und Sprachwandel. Zur Vertiefung eignen sich Niebaum / Macha (2014) oder König (2001).

3.4 Sprachgeschichte als Erklärung für sprachliche Zweifelsfälle

Korrekt sprechen und schreiben zu können, ist in institutionalisierten Kontexten wie bspw. im Deutschunterricht wichtig. Die Bedeutung normkonformen Sprechens und Schreibens im Schulkontext zeigt sich u. a. dadurch, dass Normverstöße dort auf verschiedene Arten sanktioniert werden. In der Unter- und (frühen) Mittelstufe erfolgt die Sanktionierung unmittelbar durch Benotung in Diktaten bzw. dem Anstreichen von Rechtschreib-, Grammatik- oder Ausdrucksfehlern in Schülerprodukten. Nicht zu unterschätzen ist jedoch auch die mittelbare Sanktionierung von nicht korrektem Sprachgebrauch. Hierzu zählen z. B. Mahnungen in diversen Ratgebern, bei der Bewerbung keine Rechtschreib- und Grammatikfehler zu machen, die darauf hindeuten, dass korrektes Deutsch eine Voraussetzung für beruflichen Erfolg sei. Für eine starke Verflechtung von Sprachgebrauch und gesellschaftlicher Bewertung sprechen auch Bezeichnungen wie „Deppenapostroph" für die Apostrophierung des Genitivs (*Manni's Imbissbude*) oder auch des Plurals (*Top's und Flop's*). Formen und Gebrauchsweisen, die in der Öffentlichkeit als Normverstoß oder auch sprachlicher Fehler wahrgenommen werden, unterliegen folglich einer – oft emotional aufgeladenen – Abwertung, die sich in vielen Fällen auf die Gleichsetzung von (vermeintlich) korrektem Sprachgebrauch und Intelligenz gründet.

Sprachwissenschaftliche Studien (z. B. Davies / Langer 2006) haben dagegen gezeigt, dass auch kompetente Sprecher wie Lehrkräfte oder Germanistikstudierende nicht immer zweifelsfrei entscheiden können, wann es sich um normkonformen Sprachgebrauch handelt. Oft wird die sprachliche Norm mit einer ‚von oben' gesetzten idealtypischen Sprache gleichgesetzt. Dabei sind jedoch weniger Normautoritäten für die Konstitution sprachlicher Normen entscheidend. Vielmehr wirken Sprachproduzenten selbst durch ihr Sprechen und Schreiben an der Prägung normkonformen Sprachgebrauchs mit: Sie gebrauchen Sprache im Alltag und entscheiden durch ihren Sprachgebrauch meist unbewusst, welche Formen und Gebrauchsweisen als akzeptabel gelten. Zwar können Normautoritäten durch Modelltexte, Stilratgeber oder gezielte Stigmatisierung versuchen, Einfluss zu nehmen, letztlich entscheiden aber die Sprachnutzer, wie sie sprechen / schreiben und was somit zur sprachlichen Norm gehört.

Gegenüber individuellen Normverstößen oder sprachlichen Unsicherheiten handelt es sich bei echten sprachlichen Zweifelsfällen um Sprachvarianten, bei denen viele kompetente Sprecher zweifeln, welche Variante korrekt ist. Die

Varianten sind dabei formseitig oft teilidentisch. Sprachliche Zweifelsfälle gehen aus Prozessen des Sprachwandels hervor. Wurde eine sprachliche Form (noch) nicht vollständig durch eine andere abgelöst, kommt es zu Variation innerhalb des Sprachsytems. Vor diesem Hintergrund können Zweifelsfälle zum Anlass genommen werden, bei Schülern Aufmerksamkeit für sprachliche Varianz herzustellen und hiervon ausgehend über Stabilität und Wandel von Sprachnorm und Sprachsystem zu reflektieren. Es gibt zahlreiche Beispiele für solche grammatischen Zweifelsfälle. Ein Überblick findet sich z. B. bei Klein (2003) und Müller / Szczepaniak (2017: 10 f.), s. auch Zweifelsfall-Duden.

1. Phonetische Zweifelsfälle
Köni[ç] oder *Köni*[k]?
2. Flexionsmorphologische Zweifelsfälle
Diesen Jahres oder *dieses Jahres*?
Milk! oder *Melk!*?
3. Wortbildungsmorphologische Zweifelsfälle
Schadenersatz oder *Schadensersatz*?
4. Syntaktische Zweifelsfälle
Gemäß den Regeln oder *gemäß der Regeln*?
Sind Konstruktionen wie *Sie muss gestern hier gewesen sein, weil ihre Jacke hängt noch da* akzeptabel?

Tab. 1: Beispiele für grammatische Zweifelsfälle

Diese und viele weitere Zweifelsfälle lassen sich funktional in den Grammatikunterricht integrieren. Schwankungen in der Verbflexion wie das in Tab. 1 veranschaulichte ‚Schwächeln' der Imperativflexion können in Klasse 5 / 6 thematisiert werden, wenn die Verbflexion ohnehin auf dem Lehrplan steht (vgl. u. a. Lehrplan Thüringen 2016: 49). Hier lohnt es sich, über die bloße Frage, welche der beiden Formen, starkes *Milk!* oder schwaches *Melk!*, noch oder bereits aktuell standardsprachlich korrekt ist, hinaus einen Blick in die Sprachgeschichte zu werfen, um Hintergründe und Zusammenhänge zu verstehen und damit Einsicht in grundsätzliche Mechanismen des Sprachwandels zu gewinnen.

In Kap. 1 wurde bereits ein weiteres Beispiel für konkurrierende Flexionsformen genannt: schwaches *ich habe gewinkt* vs. starkes *ich habe gewunken*. Beide Formen werden in den Regelwerken, etwa im Duden, mittlerweile als standardsprachlich korrekt geführt. Eine Besonderheit dieses Fallbeispiels ist jedoch, dass hier die schwach flektierte Form *gewinkt* älter als die starke Flexionsform ist und der Zweifelsfall *gewinkt – gewunken* somit eine der wenigen Ausnahmen von einer Entwicklungstendenz darstellt, die ansonsten in der Verbflexion zu beobachten ist und die sich aufgrund der Nähe zum Sprachgebrauch der Schüler didaktisch nutzen lässt (vgl. die Unterrichtsmodelle von Spiekermann 2009, Nowak / Schröder 2017): Starke Verben, die das Präteritum und das Partizip II durch Ablaut (Vokalwechsel) bzw. das Partizipialflexiv *ge-…-en* bilden (*gewunken*), gehen zunehmend zur schwachen Flexion über, die ihr Präteritum durch das Suffix *-(e)t* und das Partizip II durch *ge-…-(e)t* realisiert (*gewinkt*, analogische Ausdehnung, s. Kap. 4.1). Die Tendenz, Verben eher schwach als stark zu flektieren, findet sich im Spracherwerb wieder, z. B. bei Kindern, die die unmarkierten schwachen Flexionsformen leichter erlernen als die markierten starken und bis ins Schulalter übergeneralisierend auf starke Verben übertragen (Wonner 2015). Gleiches kann bei Zweit- und Fremdsprachenlernern beobachtet werden und ist somit auch für Schüler mit Deutsch als Zweitsprache relevant (zum Zusammenhang von Sprachwandel und Markiertheit sowie Erst-/Zweitspracherwerb s. auch Kap. 3.1). Jedoch zeigt sich dieser Wandelprozess auch bei Sprechern, deren Spracherwerb als abgeschlossen gilt, etwa wenn starke Flexionsformen von niedrigfrequenten Verben zunehmend in Vergessenheit geraten und folglich schwach flektiert werden (z. B. *weben*: *du wobst* vs. *du webtest*; *melken*: *er molk die Kuh* vs. *er melkte die Kuh*).

Der Wandel starker zu schwachen Verben besitzt eine lange sprachgeschichtliche Tradition: In den überlieferten ahd. Texten gab es noch ca. 350 stark flektierende Verben. Diese Zahl hat bereits zum Mittelhochdeutschen abgenommen. Heute sind nur noch rund 150 Verben stark. Man kann folglich für die deutsche Verbflexion von einer Vereinheitlichungstendenz sprechen, durch die die Flexion regelmäßiger wird. Lediglich besonders frequente Verben (z. B. *fahren*) sind hier ausgenommen. Der Übergang stark > schwach vollzieht sich in folgenden Etappen (vgl. Bittner 1985: 55–57):

Imperativ	→ **Präsens**	→ **Präteritum**	→ **Partizip II**
Milk! > Melk	*milkst > melkst*	*molk > melkte*	*gemolken / gemelkt*

Der Vokalwechsel im Imperativ (bei Verben mit Stammvokal *e*) ist zuerst von der Schwächung betroffen. Hierauf folgt der Abbau des Vokalwechsels im Indikativ Präsens (2./3. Sg., z. B. *du milkst > melkst*, *er milkt > melkt*). Aufgrund der geringeren Gebrauchsfrequenz des Präteritums vor allem in der gesprochenen Sprache (Präteritumschwund, s. Kap 4.3) wird der Vokalwechsel dort vor dem im Partizip II abgebaut (s. *melken* im Beispiel oben). Dies lässt sich ebenfalls im Fall von *backen* beobachten: Während schwaches *backte* (statt starkem *buk*) schon usuell und standardkonform ist, erweist sich das schwach gebildete Partizip (*gebackt*) noch als ungebräuchlich. Beim ehemals starken *bellen* wurde der Übergang hingegen bereits vollzogen, die starken Vergangenheitsformen in Präteritum (*boll*) und Partizip II (*gebollen*) werden nicht mehr verwendet.

Neben dem Wandel der Verbflexion, der bereits in der Unterstufe behandelt werden kann, eignen sich Zweifelsfälle auch für die Sekundarstufe II. Vor dem Hintergrund der besonderen Rolle, die konzeptionell schriftlichem Sprachgebrauch in der Oberstufe zukommt – Schüler schreiben ihre erste Facharbeit, kommunizieren schriftlich mit einem formalen Adressatenkreis (z. B. Lehrkräften) –, besitzen Zweifel hinsichtlich des korrekten Sprachgebrauchs eine große propädeutische Relevanz. Ein Sprachphänomen, das insbesondere in konzeptionell schriftlichen Texten Anlass zu Zweifeln gibt, ist der Kasusgebrauch nach Präpositionen. Ein prominentes Beispiel hierfür ist die Schwankung zwischen Genitiv- und Dativrektion nach *wegen*. Hier zeichnet sich, v. a. im mündlichen Sprachgebrauch, eine Entwicklung hin zum Dativ ab. Der Dativ stellt den ‚normalen' Kasus bei Präpositionen im Deutschen dar (vgl. *mit, auf, bei* etc.), so dass der Wandel zur Dativrektion dem Sprachsystem des Deutschen gemäß ist (Systemkonformität, s. Kap. 3.1). Wie jedoch eine Korpusstudie von Eichinger / Rothe (2014) zeigt, hält sich der Genitivgebrauch in schriftsprachlichen Texten konstant. Es wird sogar deutlich, dass eher eine Ablösung ursprünglicher Dativrektion (*trotz, dank*) durch den Genitiv zu verzeichnen ist als umgekehrt (*wegen, mittels*, vgl. Eichinger / Rothe 2014: 91–94).

Hierbei handelt es sich um einen natürlichen Wandelprozess, wie er sich vielfach im Laufe der Sprachgeschichte ereignet. Quellen für Präpositionen sind freie Spenderlexeme, z. B. Nomen wie *Weg, Kraft, Mittel* oder Adverben wie *entgegen*, die durch Grammatikalisierung (s. Kap. 4.3) zu Präpositionen werden. In einem ersten Schritt übernehmen Präpositionen die Kasus ihrer Spenderlexeme, z. B. *das Mittel des Sprechers* > *mittels des Sprechers* oder *dem Ziel entgegen* > *entgegen dem Ziel* (vgl. das Unterrichtsmodell von Szczepaniak / Vieregge 2017: 43 f.). Wie das Beispiel von *entgegen* zeigt, kann die Entwicklung vom freien Lexem zur Präposition auch mit ausdrucksseitigen Veränderungen einhergehen:

Bei *entgegen* findet z. B. ein Kasuswechsel (*dem Ziel entgegen* (Dativ) > *entgegen dem Ziel / des Ziels* (Dativ / Genitiv)) sowie ein Wechsel in der Wortstellung statt, die *Ad*position wandert von der Post- in die *Prä*stellung. Aufgehalten oder zumindest verzögert werden kann dieser Sprachwandel durch (sprachwissenschaftlich nicht gestützte) Sprachurteile, wie sie etwa im Titel von Bastian Sicks Kolumnensammlung „Der Dativ ist dem Genitiv sein Tod" deutlich werden. Dass diese Fehlmeinungen teilweise weit verbreitet sind, zeigen laienlinguistische Beiträge in Foren wie *grammatikfragen.de*. Dort werden – in Analogie zu *wegen* – auch Präpositionen, die ursprünglich den Dativ regieren (z. B. *dank, entgegen*), als ‚bedroht' eingestuft und es wird für die Beibehaltung des vermeintlich älteren Genitivs plädiert. Als direkte Folge findet eine Stigmatisierung des Dativs als ‚niederwertiger Kasus' statt (vgl. Szczepaniak 2014).

Bei der Frage danach, was normkonformer Sprachgebrauch ist und wie sprachliche Normen zustandekommen, lohnt es sich genauer hinzuschauen. Insbesondere dort, wo Normkonflikte z. B. in Form von sprachlichen Zweifelsfällen auftreten, ergeben sich spannende Reflexionsanlässe für den Deutschunterricht, die dazu beitragen, bei Schülern eine „elaborierte autodidaktische Handlungskompetenz" (Rothstein 2010: 151) beim (Schrift-)Sprachgebrauch anzuregen. Natürlich lässt sich ein Zweifelsfall auch einfach ad hoc klären, bspw. indem ein Nachschlagewerk wie der (Zweifelsfall-)Duden zur Hand genommen oder der Duden online (unter http://www.duden.de/) konsultiert wird. Eine differenzierte Betrachtung von Zweifelsfällen jedoch schließt, wie oben gezeigt wurde, immer auch den Blick auf historische Hintergründe konkurrierender Varianten ein. Über die Antwort auf die Frage, welche Form nun richtig oder falsch ist, hinaus werden Schüler für die Unterscheidung von Sprachnorm und Sprachgebrauch sensibilisiert und werden sich der Rolle, die ihr eigener Sprachgebrauch für Konstitution und Wandel sprachlicher Normen einnimmt, bewusst.

3.5 Aufgaben

1. Überlegen Sie, wie sich exemplarisch einige zu den historischen Texten in Kap. 2 aufgeführte Veränderungen in der deutschen Sprachgeschichte auf die in Kap. 3.1 besprochenen Konzepte (externe / interne Ursachen des Sprachwandels etc.) beziehen lassen, und wie man Schülern in diesem Zusammenhang ihre aktive Rolle im Sprachwandel verdeutlichen könnte.

2. Suchen Sie mithilfe eines etymologischen Wörterbuchs des Deutschen (z. B. Pfeifer 2013 online unter http://www.dwds.de/d/wb-etymwb) oder *wiktionary.org* Entlehnungen aus fünf verschiedenen Sprachen und, soweit ersichtlich, das ungefähre Alter der Entlehnung heraus. Versuchen Sie, diese durch deutsche Synonyme zu ersetzen. Erklären Sie, inwiefern die Ersatzprobe (nicht) erfolgreich war.
3. Als Projektarbeit lassen Sie Schüler einen Sprachführer zum örtlichen Dialekt anfertigen, in dem auch das Zustandekommen der dialektalen Besonderheiten mit Bezug zur Sprachgeschichte erklärt wird. Die Schüler sollen neben phonologischen und morphologischen auch auf syntaktische Besonderheiten ihres Dialekts eingehen, z. B. Vergleichskonstruktionen. Wie könnten die Schüler folgende Materialien für den Sprachführer nutzen?
   - ▷ Karte zu Vergleichen im Atlas zur deutschen Alltagssprache (http://www.atlas-alltagssprache.de/vergleichspartikel)
   - ▷ Historische Vergleichsbelege:
     (i) *Thie thar minnot sinan fater inti muoter mér* ***thanne*** *mih* ‚Wer seinen Vater und seine Mutter mehr liebt als mich ‚…' (Tatian, um 830 – Althochdeutsch)
     (ii) *Ab' ein ſterkir kůmit* ***wan*** *ich.* ‚Aber ein Stärkerer kommt als ich.' (Evangelienbuch des Matthias von Beheim, 1343 – Mittelhochdeutsch)
     (iii) *Niman en was alse gut* ***alse*** *iob.* ‚Niemand war so gut wie Iob.' (Die Lilie, 1270/80 – Mittelhochdeutsch)
   - ▷ Übersicht zur historischen Entwicklung: Komparativzyklus (Abb. 8)
   - ▷ Von den Schülern per Befragung selbst erhobene, ggf. durch Belege aus Dialektgrammatiken/-wörterbüchern zum örtlichen Dialekt (vgl. Georeferenzierte Online-Bibliographie Areallinguistik via https://regionalsprache.de/) ergänzte Dialektbelege, je nach örtlichem Dialekt z. B.
     (iv) *Hê is föl drîster* ***den*** *manig grôt minsk* ‚Er ist viel dreister als mancher große Mensch.' (Ostfriesisch)
     (v) *Si isch grösser* ***wan*** *i.* ‚Sie ist größer als ich.' (Schweizerdeutsch: Berndeutsch)
     (vi) *Da kommt de Brihe teirer* ***wie****'s Flääsch* ‚Da kommt die Brühe teurer als das Fleisch.' (Thüringisch)
     (vii) *De Thomas is sau alt* ***asse*** *minne Schwaester.* ‚Der Thomas ist so alt wie meine Schwester.' (Westfälisch)
4. Sie wollen sich mit Schülern auf die Spur sprachlicher Zweifelsfälle und ihrer laienlinguistischen Bewertung begeben. Sammeln Sie Zweifelsfälle

(s. Tab. 1 und Zweifelsfall-Duden) und überlegen Sie, welche Form die ältere sein könnte (Hinweise auf http://kallimachos.de/zweidat/index.php/Hauptseite). Recherchieren Sie in Foren, welche Form in den Kommentaren als korrekt (ggf. als älter) eingestuft wird. Wie könnten Sie die Ergebnisse dieser Recherche didaktisch nutzen?

4 Sprachgeschichte und Grammatik

4.1 Morphologischer Wandel: alte und neue Wortformen

Die Grammatik ist ein zentraler Lernbereich der Sprachdidaktik im Fach Deutsch. Die Lehrpläne sehen vor, dass Funktion und Struktur von Wörtern und Sätzen (Satzbau, Satzgliedfolge) besprochen werden, legen also den Schwerpunkt v. a. auf die Wort- und Satzebene (Morphologie und Syntax), die daher in den folgenden Kapiteln in ihrer sprachhistorischen Dimension näher beleuchtet werden sollen. (Auch die Phonologie ist darüber hinaus ein Kernbereich der Grammatik, der jedoch eine geringere Rolle als Lerngegenstand im Schulfach Deutsch spielt, wobei in den Bildungsstandards für den Mittleren Schulabschluss und entsprechend in den Kernlehrplänen bspw. die Thematisierung von „Laut-Buchstaben-Beziehungen" vorgesehen ist, die unter sprachhistorischer Perpektive ebenfalls die Beschäftigung mit Sprachwandel / Sprachgeschichte und Reflexion über Sprache ermöglicht, vgl. u. a. Kap. 2 und 3. Wandel in der Semantik, einem weiteren in der Sprachwissenschaft üblicherweise zur Grammatik gerechneten Bereich, wird in Kap. 6.1 besprochen.)

Im Alltagsbewusstsein wird Grammatik häufig gleichgesetzt mit dem Teilbereich der **Flexionsmorphologie**, also der Deklination von Nomen, Pronomen, Artikelwörtern und Adjektiven, der Konjugation von Verben etc. Die Sprachgeschichte eignet sich im schulischen Kontext für eine ansprechende Vermittlung von sprachlichem Wissen, zentralen Beschreibungskategorien und Regularitäten des Deutschen, gerade im Kontrast zu entsprechenden Unterschieden in der historischen Sprache. Sie kann zudem helfen, die Hintergründe zu verstehen. Ausgangspunkt können bspw. vom heutigen Deutschen abweichende historische Formen in ausschnittsweise vorgestellten althochdeutschen, mittelhochdeutschen, frühneuhochdeutschen oder frühen neuhochdeutschen Texten, ggf. auch im Unterricht besprochenen literarischen Texten, sein (s. Kap. 2), aber auch abweichende Formen in heutigen Varietäten (s. Kap. 3.3, 4.2) oder sprachliche Zweifelsfälle (s. auch Kap. 3.4), wie der im folgenden Ausschnitt aus einem Internetforum diskutierte:

> Schlumpi79: Sind es DENKMALE oder DENKMÄLER?
> Ich habe es in meiner Schulzeit so gelernt, dass die Mehrzahl vom Denkmal DENKMÄLER heißen muss. Nun lese ich aber des Öfteren von DENKMA-LEN! Ist letztere Mehrzahl nach der neuen Rechtschreibung korrekt? Oder kann man BEIDES verwenden?
> Andreaslpz: Es sind DENKMÄLER! So hab ichs zumindest gelernt. Denkmale klingt irgendwie doof, kann aber auch nur Gewohnheit sein.
> (https://www.gutefrage.net/frage/sind-es-denkmale-oder-denkmaeler)

Unsicherheiten wie die hier zum Ausdruck kommende deuten auf Sprachwandel hin und lassen sich vor dem Hintergrund der Sprachgeschichte besser verstehen (vgl. vertiefend Donhauser et al. 2005, Nübling et al. 2017, mit Schulbezug Sayatz 2009). Die Pluralflexion der Nomen ist im Deutschen (im Vergleich etwa zum im Englischen bis auf wenige Ausnahmen üblichen s-Plural) sehr komplex. Der Plural eines Nomens kann auf neun verschiedene Arten gebildet werden: -en (z. B. *Uhren*), -n (z. B. *Sachen*), -e (z. B. *Orte*), -er (z. B. *Lichter*), -s (z. B. *Hotels*), Umlaut (z. B. *Läden*), Umlaut + -e (z. B. *Füße*), Umlaut + -er (z. B. *Räder*), Nullplural -Ø (z. B. *Eimer*). Wie der Plural eines Nomens gebildet wird, hängt dabei von vielen Faktoren wie Genus, Phonotaktik und Semantik des Nomens ab. So kann man schon mal ins Grübeln kommen, ob es im Plural *die Pizzas / Pizzen, die Maste / Masten, die Wagen / Wägen, die Parke / Pärke / Parks* oder eben *die Denkmale / Denkmäler* heißen muss. Auch Schüler haben hier ihre Schwierigkeiten. Ein derart komplexes System ist im Erst- oder Zweitspracherwerb schwer zu lernen und angesichts der durch die Vielzahl von Flexiven gestörten 1:1-Zuordnung von Form und Inhalt (hier: Plural) anfällig für sprachintern verursachten Sprachwandel (Allomorphie, vgl. Kap. 3.1).

Wieso haben wir aber so eine komplexe Pluralflexion der Nomina im Deutschen? Im Indogermanischen bestanden Nomen typischerweise aus drei morphologischen Bestandteilen: der Wurzel, einem stammbildenden Element (kennen Schüler teilweise aus dem Lateinischen, wo die Deklinationsklassen nach diesen benannt sind: a-Deklination, o-Deklination, u-Deklination etc.) und dem Flexionssuffix, z. B. $*[[_{\text{Stamm}}\ [_{\text{Wurzel}}\ \textit{dhogh-}\ ]\ [_{\text{stabiEl}}\ \textit{o}]]\ [_{\text{Flexiv}}\ \textit{–s}]]$ ‚Tag'. Durch phonologischen Wandel waren schon im Althochdeutschen die stammbildenden Elemente (*a*, *i*, *ir*, *an*, *on*, *in* etc.) nur noch teilweise erhalten – v. a. im Plural. Sie wurden daher als Pluralflexive missverstanden (reanalysiert) und dadurch die Wortstruktur vereinfacht (sprachliche Ökonomie, vgl. Kap. 3.1), z. B. im Fall von *taga*, dem Plural zu *tag* ‚Tag':

(4) $[[_{\text{Stamm}} [_{\text{Wurzel}}$ tag- $] [_{\text{stabiEl}}$ a$]] [_{\text{Flexiv}}$ -Ø$]] > [[_{\text{Stamm}}$ tag- $] [_{\text{Flexiv}}$ -a$]]$

Aus den verschiedenen stammbildenden Elementen entstanden durch **Reanalyse** zahlreiche Pluralflexive (durch die Nebensilbenabschwächung zum Mittelhochdeutschen lautlich reduziert zu -e, -er, -en etc.). Darüber hinaus wurde der Umlaut zu einer weiteren Möglichkeit, Plural bei Nomen zu markieren. Ursprünglich handelte es sich um eine rein phonologische Anpassung (Vorverlagerung) der zentralen / hinteren Vokale [a], [o] und [u], wenn ein i-haltiges stammbildendes Element folgte (z. B. *gast* + *-i*: *gesti* ‚Gast / Gäste', *lamb* + *-ir*: *lembir* ‚Lamm / Lämmer'), ähnlich wie heute im Plural von *Buch* aus dem Ach-Laut [x] ein Ich-Laut [ç] wird, ohne dass [ç] für Plural stehen würde – es ist nur eine automatische phonologische Anpassung an den vorausgehenden vorderen Vokal in *Bücher*, eine Ausspracheerleichterung durch Annäherung der beiden Laute aneinander (**Assimilation**). Durch die Nebensilbenabschwächung, die aus allen Vokalen der ehemaligen stammbildenden Elemente ein [ə] machte, war der Umlaut nicht mehr als rein phonologische Angleichung erkennbar und wurde als weitere Möglichkeit, den Plural zu kennzeichnen, aufgefasst (**Morphologisierung**). Hier sieht man einmal mehr, wie Wandel auf einer sprachlichen Ebene (Phonologie) Wandel auf einer anderen (Morphologie) bewirken kann (vgl. Kap. 3.1).

Die auf diese Weise entstandenen Möglichkeiten der Pluralbildung wurden nun im Verlauf der Sprachgeschichte – teils schon im Mittelhochdeutschen, vielfach im Frühneuhochdeutschen – auch auf andere Nomen übertragen, insbesondere dort, wo ursprünglich Nullplural vorlag oder sich durch Lautwandel ergeben hätte (Singular / Plural-Synkretismus), vgl. mhd. *kint*, Pl. *kint* vs. *Kinder* oder ahd. *fater*, Pl. *fatera* vs. *Väter*. Diesen Wandelprozess nennt man **analogische Ausdehnung**. Bei der Bildung einer Wortform orientiert man sich dabei an der Formenbildung eines ganz anderen Wortes.

Vater	*Lamm*
Väter ⟵	*Lämmer*

Das Gleiche ist weiterhin in der Gegenwartssprache zu beobachten – regional unterschiedlich ausgeprägt etwa bei *Wagen* > *Wägen* oder *Tunnel* > *Tunnels*, s. hierzu die Karten im Atlas zur deutschen Alltagssprache (http://www.atlas-alltagssprache.de/runde-3/f02a-b und http://www.atlas-alltagssprache.de/runde-5/f20a-c). Den in Kap. 3.1 angesprochenen Zusammenhang von Sprachwandel und Spracherwerb verdeutlichen von Lernern durch Analogie gebildete (normabweichende) Pluralformen wie *Fotoapparäte, Zimmers* oder *Löffeln.*

Da man sich bei der Analogiebildung natürlich an verschiedenen Vorbildern orientieren kann, treten einige Nomen parallel mit verschiedenen durch analogische Ausdehnung zustande gekommenen konkurrierenden neuen Pluralformen auf. Oft setzt sich eine davon im Lauf der Sprachentwicklung durch. Wenn dagegen mehrere Varianten nebeneinander Bestand haben, werden diese oft sekundär funktional genutzt, indem ihnen z. B. semantische Unterschiede unterlegt werden, vgl. mhd. *wort*/Pl. *wort* mit den teils schon seit mittelhochdeutscher Zeit auftretenden, sekundär semantisch unterschiedenen neuen Pluralformen *Worte* (Aussprüche / Sentenzen, z. B. *Goethes Worte*) und *Wörter* (mehrere Einzelwörter, z. B. *die ersten beiden Wörter in diesem Satz*).

Im oben angeführten Fall des gegen Ende des Frühneuhochdeutschen neu gebildeten Nomens *Denkmal* tritt neben der auch beim Nomen *Mal* ‚Zeichen' und anderen mit dem gleichen Kopfnomen gebildeten Komposita wie *Merkmal, Mutter-mal* üblichen umlautlosen e-Pluralform schon früh (mind. seit 1. Hälfte 18. Jahrhundert) die durch analogische Ausdehnung des Umlaut + er-Plurals (vgl. *Tal / Täler*) gebildete Pluralform *Denkmäler* auf. Beide konkurrieren bis heute, wobei *Denkmale* gegenüber der Form *Denkmäler*, die den Plural durch Umlaut zusätzlich zum Flexiv noch deutlicher markiert, seit Ende des 19. Jahrhunderts deutlich zurückgegangen ist. (Die Entwicklung verläuft also umgekehrt zur im obigen Forumbeitrag formulierten Wahrnehmung von *Denkmale* zu *Denkmäler*. Mit der Rechtschreibreform hat dies aber natürlich grundsätzlich nichts zu tun: Es geht hier nicht darum, ob eine bestehende identische Wortform anders geschrieben wird, vgl. *Stengel / Stängel*, sondern es liegt eine völlig andere Wortform vor – ob *Denkmale* oder *Denkmäler* ist keine Frage der Schreibung!)

Analogische Ausdehnung ist beim Nomen übrigens nicht nur in der Plural-, sondern auch in der Kasusflexion zu beobachten (s. Nübling et al. 2017: 68f., Thieroff 2003). Hier zeigen sich ebenfalls Parallelen zwischen aktuellem Wandel, der sich in Schwankungen, Zweifelsfällen oder Fehlern von Schülern niederschlägt, und historischem Wandel in der Sprachgeschichte etwa beim Wandel schwacher zu starken Maskulina, z. B. mhd. *der hane / des hanen / dem hanen / den hanen* > (f)nhd. *der Hahn / des Hahns / dem Hahn / den Hahn*, vgl. aktuell *der Nachbar / des Nachbarn / dem Nachbarn / den Nachbarn* > *der Nachbar / des Nachbar(n)s / dem Nachbar / den Nachbar.*

Im Bereich der Verbflexion ist analogische Ausdehnung historisch und bis heute beim in Kap. 3.1 und 3.4 angesprochenen Wandel starker zu schwachen Verben zu beobachten, z. B. *webte* statt *wob* als Präteritum zu *weben*:

weben	*leben*
webte ←	*lebte*

Es gibt aber auch noch eine andere Form der Analogie, den **analogischen Ausgleich.** Hier orientieren sich Sprecher bei der Bildung einer Flexionsform nicht an Flexionsformen eines ganz anderen Wortes, sondern an anderen Flexionsformen desselben Wortes, also anderen Formen des Paradigmas. Im Bereich der Verbflexion lässt sich als Beispiel der analogische Ausgleich der verschiedenen Stammformen starker Verben anführen. Im Alt- und Mittelhochdeutschen wiesen viele starke Verben im Präteritum Sg. und Pl. verschiedene Stammformen auf (Allomorphie, s. Kap. 3.1). Dieser Unterschied wurde im Frühneuhochdeutschen / frühen Neuhochdeutschen ausgeglichen, z. B. *wob* in Analogie zu *woben* statt des früher üblichen *wab* als Präteritum Sg. zu *weben* (vgl. auch *was / waren* > *war / waren* in den Beispieltexten in Kap. 2.2–2.4). Parallele Entwicklungen finden wir im Gegenwartsdeutschen in Form des analogischen Ausgleichs des bei einigen starken Verben bestehenden Stammformenunterschieds zwischen Präteritum und Partizip II, z. B. beim nicht standardgemäßen, aber durchaus verbreiteten, in Analogie zum Partizip II *geschwommen* gebildeten *schwomm* statt *schwamm* als Präteritum zu *schwimmen*:

(5) *Er **schwomm** über 400 Meter Freistil zu Gold – und war unglücklich* (Frankfurter Allgemeine Zeitung, 2008)

weben
wob ←
woben ┘

schwimmen
schwomm ←
geschwommen ┘

Auf diese Weise neu gebildete (noch falsche) Formen finden sich auch bei Schülern (s. Wonner 2015) und können konstruktiv als Ausgangspunkt einer Thematisierung von aktuellem Sprachwandel und vergleichbaren Veränderungen in der Sprachgeschichte genutzt werden. In allen Bereichen der Flexion lassen sich entsprechende Phänomene finden. Zum morphologischen Wandel gehört zudem auch der hier nicht ausführlicher besprochene Wandel in der Wortbildung, vgl. die in Kap. 2 erwähnten Fälle (ahd. *giscrib* vs. nhd. *Schreiben*, mhd. *vortrůwit* vs. nhd. *angetraut* etc.). Insgesamt kann den Schülern auf diese Weise vermittelt werden, dass die Grammatik kein statisches System von richtig und falsch ist, sondern sich in fortwährendem Wandel befindet. Während einerseits natürlich die Kenntnis der aktuellen Standardnorm in der Schule vermittelt werden sollte, kann andererseits durch Einbezug von Sprachgeschichte und Sprachwandel zugleich die Wandelbarkeit der Norm selbst bewusst gemacht werden.

4.2 Syntaktischer Wandel: Satzbau früher und heute

Geh ich Primark. Dann ich noch gehen zu Mutta. (Kiezdeutsch, aus Wiese 2012)

Diese beiden Sätze der jugend- und kontaktsprachlichen Varietät Kiezdeutsch unterscheiden sich im Satzbau deutlich vom heutigen Standarddeutschen. Ähnlich wie Zweifelsfälle (Kap. 3.4, 4.1) oder regionale Varietäten (Dialekte, Kap. 3.3) eignen sich soziolektale Varietäten wie Kiezdeutsch (s. auch die Infoseite für Schulen unter http://www.kiezdeutsch.de/) als Ausgangspunkt der Thematisierung von Grammatik in der Schule und können zur Reflexion über Sprache und Sprachwandel anregen. Der vergleichende Ausblick in die Sprachgeschichte verleiht dieser Reflexion eine größere Tiefe, die zu einer neuen Sicht und Bewertung von Wandeltendenzen in der Gegenwart beiträgt und schülermotivierende, kreative und affektive Zugänge zu sprachlichem Wissen ermöglicht – in diesem Fall Wissen über grundlegende syntaktische Einheiten und Regularitäten.

Eine charakteristische syntaktische Eigenschaft des Deutschen (s. LinguS-Band 5) besteht darin, dass in **Deklarativsätzen** (Aussagesätzen) das finite Verb an zweiter Position steht, wobei ein beliebiges Satzglied vorangeht – oft das Subjekt, aber durchaus auch das Objekt, ein Adverbial o.a., vgl. [$_{\text{Subjekt}}$ *Ich*] ***gehe*** *zu Primark.* [$_{\text{Adverbial}}$ *Dann*] ***gehe*** *ich noch zu meiner Mutter.* Das Deutsche ist entsprechend eine **Verbzweitsprache** (im Gegensatz z. B. zum Englischen, wo die Abfolge Subjekt-Verb-Objekt gilt, das Subjekt also im Normalfall nicht nach dem finiten Verb stehen darf, und auch kein anderes Satzglied als das Subjekt im Deklarativsatz allein vor dem finiten Verb stehen kann, vgl. den ungrammatischen Satz **Then go I to my mother.*). Im Kontrast des Kiezdeutschen zu von den Schülern gebildeten standarddeutschen Entsprechungen werden diese Regularitäten besonders deutlich, da im Kiezdeutschen auch Deklarativsätze mit **Verberststellung** (***Geh*** *ich Primark.*) und **Verbdritt-/Verbspäterstellung**

(*Dann ich noch* ***gehen*** *zu Mutta.*) gebräuchlich sind. Die Verbstellung ist hier also gegenüber dem Standarddeutschen verändert, was sich teilweise, aber nicht ausschließlich, durch kontaktsprachlichen Einfluss des Türkischen, Kurdischen, Persischen oder Arabischen, also als Wandel durch Sprachkontakt, erklären lässt. Verbstellungswandel ist dabei etwas, das wie andere Sprachwandelphänomene nicht nur in Varietäten der heutigen Sprache zu beobachten ist, sondern auch in der Sprachgeschichte, wie ein Blick ins Althochdeutsche zeigt. In dem in Kap. 2.2 angeführten althochdeutschen Textausschnitt kommen ebenfalls Deklarativsätze mit Verberststellung, s. (6), und Verbdritt-/Verbspäterstellung, s. (7), vor:

(6) ***fuor*** *thô ioseph fon galileu* [...] *in iudeno lant* [...]
fuhr da Josef von Galiläa in Juden Land
‚Da begab sich Josef aus Galiläa in das Land der Juden.'

(7) [*thaz giscrib*] [*iz êristen*] ***uuard*** *gitan* [...] *fon đemo grauen cyrine*
das Schreiben als Erstes wurde getan von dem Grafen Cyrinus
‚Diese Schätzung wurde zuerst vom Grafen Cyrinus durchgeführt.'

Während Satz (6) mit dem finiten Verb beginnt, stehen in Satz (7) zwei Satzglieder, das Subjekt *thaz giscrib* ‚diese Schätzung' und das Adverbial *iz êristen* ‚zuerst', vor dem finiten Verb. In der Tat waren Verberststellung und Verbdrittstellung in Deklarativsätzen im Althochdeutschen neben der bereits überwiegend verwendeten Verbzweitstellung durchaus geläufig (vgl. Axel 2007). Verberststellung trat u. a. bei Einführung neuer Redegegenstände (Diskursreferenten) auf, in Passivsätzen oder in Sätzen mit fehlendem Subjektpronomen – einer weiteren, vom heutigen Deutschen syntaktisch unterschiedenen Konstruktion (und eine Gemeinsamkeit zu Sprachen wie dem Russischen, Türkischen oder Italienischen, in denen Subjektpronomen ebenfalls fehlen können – hier lässt sich entsprechend Mehrsprachigkeit der Schüler für Vergleiche nutzen). Verbdritt-/Verbspäterstellung ist im Althochdeutschen häufig dann zu finden, wenn mindestens eines der vor dem finiten Verb stehenden Satzglieder sehr kurz ist (Pronomen oder Adverb), zumal wenn ein sogenanntes Rahmensetzeradverbial dabei ist, das das Ereignis zeitlich / räumlich verortet. Diesbezüglich ergeben sich wiederum Parallelen zum Kiezdeutschen, da auch hier Rahmensetzeradverbiale zusätzlich etwa zum Subjekt vor dem finiten Verb stehen können. Vor über tausend Jahren gab es also im Deutschen diese syntaktischen Muster. Zum Mittelhochdeutschen hin hat sich demgegenüber die Verbzweitstellung in Deklarativsätzen durchgesetzt.

Schüler erfahren hier, dass syntaktische Regularitäten nicht unabänderlich zu einer Sprache gehören, sondern sich ebenfalls wandeln können, ohne dass die Sprache dadurch ‚schlechter' wird oder gar ausstirbt. Durch die seriöse analytische und reflexive Auseinandersetzung im Vergleich mit dem Althochdeutschen erfährt hier zudem eine Varietät wie das Kiezdeutsche (ähnlich wie in Kap. 3.3 die Dialekte) eine Wertschätzung, die Vorurteile abzubauen hilft und gleichzeitig eine ganz neue Sichtweise auf Sprachwandel ermöglicht.

Nicht nur in Deklarativsätzen, auch in bestimmten Nebensätzen, u. a. Kausalsätzen, gibt es im Gegenwartsdeutschen Variation hinsichtlich der Verbstellung (vgl. hierzu auch den Unterrichtsentwurf von Ziegler 2009). Statt der in eingeleiteten Nebensätzen typischen Verbendstellung, vgl. (8a), wird hier (nicht standardgemäß) auch Verbzweitstellung verwendet, vgl. (8b), was in der populären Sprachkritik hart verurteilt wird und Mitte der neunziger Jahre sogar ein Aktionsbündnis „Rettet den deutschen Nebensatz" auf den Plan rief.

(8) a. *Ich habe das Kleid nicht gekauft, weil es rot* ***ist****.*
b. *Ich habe das Kleid nicht gekauft, weil es* ***ist*** *rot.*

Betrachtet man die **Verbzweit-Kausalsätze** aber genauer, fällt auf, dass sie ganz besondere syntaktische und semantische Eigenschaften haben (vgl. u. a. Günthner 1993). So können sie bspw. im Gegensatz zu Verbend-Kausalsätzen nicht im Vorfeld des Satzes stehen (zum Vorfeld und allgemein zum Feldermodell des deutschen Satzes s. LinguS-Band 5):

(9) a. *Weil es rot* ***ist****, habe ich das Kleid nicht gekauft.*
b. **Weil es* ***ist*** *rot, habe ich das Kleid nicht gekauft.*

Dies spricht dafür, dass sie syntaktisch-strukturell höher stehen als andere Kausalsätze. Das belegt auch die Semantik, bspw. der semantische Wirkungsbereich (Skopus) relativ zu einer Verneinung (Negation): In (8b) wird der Grund dafür angegeben, warum das Kleid nicht gekauft wurde (Skopus oberhalb der Negation). Dagegen kann (8a) auch so verstanden werden, dass das Kleid nicht aus diesem Grund gekauft wurde, sondern aus einem anderen Grund (Skopus unterhalb der Negation), so dass im Gegensatz zu (8b) eine Fortsetzung mit … *sondern weil der Schnitt so toll ist* möglich ist. Zudem können *weil*-Verbzweit-Sätze nicht nur eine Begründung des Ereignisses (Sachverhaltsbegründung) angeben, sondern auch die Begründung dafür, warum der Sprecher dies äußert oder woher er das Geäußerte weiß (Äußerungsbegründung / illokutionäre bzw. epistemische

Begründung). So gibt der Sprecher in (10b) an, dass er annimmt, dass Ulrike noch arbeitet, weil das Licht noch brennt, wohingegen (10a) auch so verstanden werden kann, dass das noch brennende Licht der Grund für Ulrikes Arbeiten ist.

(10) a. *Ulrike arbeitet sicher noch, weil das Licht noch* ***brennt****.*
b. *Ulrike arbeitet sicher noch, weil das Licht* ***brennt*** *noch.*

Mithilfe der unterschiedlichen Verbstellung kann man also zwischen verschiedenen Lesarten von Kausalsätzen auch formal differenzieren. Die andere Verbstellung hat somit durchaus ihre Funktion, auch wenn sie (noch) nicht normkonform ist. Dies bedeutet nicht, dass sich in sämtlichen Nebensätzen die Verbzweitstellung durchzusetzen beginnt. Auch der Eindruck, dass es sich um eine ganz neue Entwicklung handelt, täuscht insofern, als *weil*-Verbzweit-Sätze mindestens seit Mitte des 19. Jahrhunderts belegt sind (vgl. Freywald 2010):

(11) *als wir das getan hatten da war unser akord gebrochen Weil wir* ***wusten*** *nicht daß sei [sie] zusammen hielten.*
(Heinrich Küpper: *Reiseaufzeichnungen*, 1847 ff.)

Zudem ist gerade in Kausalsätzen das Nebeneinander von Verbzweit- und Verbendstellung schon seit dem frühesten Deutschen zu beobachten. Bereits die althochdeutsche Kausalkonjunktion (*bithiu*) *uuanta* wurde mit beiden Verbstellungen verbunden, vgl. (12) aus dem Beispieltext in Kap. 2.2 mit Verbzweitstellung und (13) mit Verbendstellung aus einer anderen Passage des gleichen Textes. (Gleiches gilt für mhd. *wan*(*de*), das neben Verbend- ebenfalls mit Verbzweitstellung vorkam, vgl. Kap. 2.3: *wan ime was da keine stat …*)

(12) *bi thiu uuanta In ni****uuas*** *anderstat Inthemo gast huse*
(darum) weil ihnen nicht war andere Stätte in dem Gasthaus
‚denn sie hatten keinen anderen Ort in der Herberge' (Tatian, um 830)

(13) *bithiu uuanta her lioht thesses mittilgartes* ***gisihit***
(darum) weil er Licht dieser Welt sieht
‚weil er das Licht dieser Welt sieht' (Tatian, um 830)

Auch die ab dem Frühneuhochdeutschen überwiegend verwendete Kausalkonjunktion *denn* wurde ursprünglich nur mit Verbendstellung gebraucht. Später kam daneben auch die Verbzweitstellung auf, wie die beiden folgenden Belege aus Luthers Bibel-Übersetzung von 1545 illustrieren:

(14) *Vnd die Menschen werden verschmachten / fur furchte vnd fur warten der dinger / die komen sollen auff Erden. Denn auch der Himel kreffte / sich bewegen* ***werden*** / (Luther-Bibel, 1545)

(15) *... vnd kome dieser tag schnell vber euch / Denn wie ein Fallstrick* ***wird*** *er komen* / (Luther-Bibel, 1545)

In *denn*-Kausalsätzen ist heute nur noch die Verbzweitstellung möglich, ohne dass sich jemand daran stört. (Entsprechend werden sie nicht mehr als Nebensätze und *denn* nicht mehr als subordinierende, sondern als koordinierende bzw. als sogenannte parordinierende Konjunktion klassifiziert.)

(16) *Ich habe das Kleid nicht gekauft, denn es* ***ist*** *rot.*

Im Deutschen hat sich also wiederholt in Kausalsätzen Verbzweit- neben der ursprünglichen Verbendstellung herausgebildet (**zyklischer Sprachwandel**, vgl. Komparativzyklus Kap. 3.3). Dass Elemente im Lauf der syntaktischen Entwicklung eine strukturell höhere Position einnehmen und sich parallel semantisch zunehmend eher auf die Einstellung des Sprechers beziehen als auf das Ereignis selbst, wie hier die Kausalsätze, lässt sich in vielen Phänomenbereichen und Sprachen beobachten und gilt als typisch für Grammatikalisierung (vgl. zur Ausbildung epistemischer Lesarten der Modalverben Kap. 4.3).

Nicht nur im Bereich der Verbalsyntax zeigt sich Wandel im Lauf der Sprachgeschichte, sondern bspw. auch im Bereich der Nominalsyntax: So wurden Nomen im Althochdeutschen häufig ohne Artikel verwendet (s. die Anmerkungen zum Beispieltext in Kap. 2.2), was wiederum eine Parallele zum Kiezdeutschen darstellt. Erst im Lauf des Althochdeutschen entstanden aus dem Demonstrativpronomen der definite Artikel und aus dem Zahladjektiv der indefinite Artikel, bei deren Verwendung im Lauf der Sprachgeschichte (s. Beispieltexte Kap. 2.2–2.4) bis ins Gegenwartsdeutsche eine Zunahme zu beobachten ist. Heute wird bspw. der definite Artikel teils sogar bei Eigennamen gebraucht. Auch Rektionswandel bei Präpositionen (s. Kap. 3.4) oder Negationswandel (s. Kap. 3.3) gehören zum syntaktischen Wandel, der ein vielfältiges Themenfeld zur Beschäftigung mit Sprachwandel und Sprachgeschichte im Deutschunterricht darstellt.

4.3 Grammatikalisierung: Wie entsteht Grammatik?

Wer „brauchen" ohne „zu" gebraucht, braucht „brauchen" nicht zu gebrauchen.
Deutsch ist eine würde-lose Sprache.
Tuten tut der Nachtwächter.

Viele erinnern sich sicher noch aus der eigenen Schulzeit an diese oder ähnliche Sprüche, mit denen der Sprachgebrauch der Schüler normativ gelenkt werden soll. Wo dies nötig erscheint, deutet es in der Regel auf Sprachwandel hin. In den hier angesprochenen Fällen, der Verwendung von *brauchen* mit Infinitiv ohne *zu* sowie der *würde-* und der *tun-*Konstruktion, handelt es sich um **Grammatikalisierung**. Bei der Grammatikalisierung werden sprachliche Ausdrücke zu Elementen, die stärker grammatische Funktion übernehmen, d. h. sogenannte ‚Inhaltswörter' wie z. B. Vollverben werden zu ‚Funktionswörtern' wie Modal- und Hilfsverben (Auxiliaren) und im weiteren Verlauf der Entwicklung sogar zu bloßen Affixen wie Flexionssuffixen. Dadurch erweitert sich das grammatische Inventar einer Sprache. Auch diese Art des Sprachwandels vollzieht sich schon seit Jahrtausenden und ist weiterhin im Gang.

Verschiedene morphologische, syntaktische und semantische Indizien sprechen dafür, dass sich *brauchen*, das wir parallel auch noch als Vollverb im Sinn von ‚benötigen' kennen (z. B. *Ich brauche einen Bleistift*), in anderen Verwendungen zu einem Modalverb entwickelt hat (vgl. Reis 2005). Die allermeisten Verben, die einen Infinitiv einbetten, verlangen einen Infinitiv mit *zu*, vgl. (17a). Demgegenüber steht bei Modalverben (*dürfen, können, mögen, müssen, sollen, wollen*) grundsätzlich ein Infinitiv ohne *zu*, vgl. (17b). *Brauchen* mit Infinitiv ohne *zu* wie in (17c) ähnelt diesbezüglich also den Modalverben.

(17) a. *Die Fahrer* ***versprechen****, zu warten.*
b. *Die Fahrer* ***müssen*** *nicht warten.*
c. *Die Fahrer* ***brauchen*** *nicht warten.* (Braunschweiger Zeitung, 2012)

Semantisch drückt *brauchen* in (17c) ähnlich wie *müssen* in (17b) eine modale Einstellung des Sprechers aus: Es besteht für die Fahrer keine Verpflichtung, zu warten (**deontische Lesart**). Auch weitere Eigenschaften wie z. B. die Tatsache, dass der abhängige Infinitiv nicht im Nachfeld stehen kann (Verbkomplexbildung), teilt *brauchen* mit den Modalverben. Modalverben unterscheiden sich zudem von anderen Verben durch die Endungslosigkeit der 3. Sg. Präsens (*muss* vs. *versprich-t*). Auch in dieser Hinsicht passt sich *brauchen* teilweise im aktuellen Wandel an die Modalverben an, vgl. (18).

(18) *Sie **brauch** nicht zu arbeiten* (Rhein-Zeitung, 2002)

Die (noch nicht normkonforme) Verwendung *zu*-loser Infinitive im Zuge der Grammatikalisierung von *brauchen* zum Modalverb ist somit eigentlich nur konsequent. Sie ist übrigens schon seit dem 19. Jahrhundert zu beobachten und überwiegt in der gesprochenen Umgangssprache heute bereits. Nicht nur *brauchen*, auch unsere anderen Modalverben haben sich vom Vollverb zum Modalverb entwickelt. So hatte bspw. *sollen* (< ahd. *sculan*) ursprünglich als Vollverb die Bedeutung ‚schulden' und *können* (ahd. < *kunnan*) die Bedeutung ‚verstehen', vgl. (19) und (20).

(19) *uuio filu **scalttu** minemo herren*
‚Wieviel schuldest du meinem Herren?' (Tatian, um 830)

(20) *... wio er thio buah **konsti***
‚wie er die Bücher verstand' (Otfrid, um 870)

Eine weitere Entwicklung bei der Grammatikalisierung der Modalverben besteht in der Ausbildung der **epistemischen Lesart** zusätzlich zur älteren deontischen. Hierdurch wird nicht eine Verpflichtung, Erlaubnis o. ä. ausgedrückt, sondern der Sprecher sagt etwas über sein Wissen aus, z. B. *Der Fahrer muss wohl gewartet haben* ‚Aus der Evidenz, die ich habe, schließe ich, dass es so ist, dass der Fahrer gewartet hat.' (semantisch stärkerer Sprecherbezug wie im Fall des Wandels der Kausalsätze, s. Kap. 4.2). Modalverben mit epistemischer Lesart sind in vereinzelten Belegen schon im Alt- und Mittelhochdeutschen nachweisbar, s. (21), und seit dem Frühneuhochdeutschen regelmäßig belegt, s. (22) (vgl. Fritz / Gloning 1997). Dass sich *brauchen* inzwischen zum Modalverb entwickelt hat, lässt sich auch daran erkennen, dass es mittlerweile ebenfalls (selten) epistemisch verwendet wird wie in (23).

(21) *after thíu in war mín so mohtun thrí daga sin*
nach diesem fürwahr so mochten drei Tage sein
‚nach diesem, fürwahr, mögen es drei Tage gewesen sein'
(Otfrid, um 870)

(22) *dieser mensch mus ein mörder sein* (Luther-Bibel, 1545)

(23) *Das braucht nicht (zu) stimmen.*

Im zweiten eingangs angesprochenen Fall, der von der populären Sprachkritik ebenfalls oft verurteilten ***würde*-Umschreibung (Periphrase)** für den Konjunktiv, handelt es sich ebenfalls um Grammatikalisierung. Konjunktiv kann im Deutschen von jeher synthetisch, d. h. flexivisch direkt am Vollverb ausgedrückt werden (z. B. *sie sänge*). Der Konjunktiv wird im Gegenwartsdeutschen aber häufig analytisch mit Hilfsverb (Auxiliar) *würde* und Infinitiv des Vollverbs gebildet (z. B. *sie würde singen*). Seltene frühe Belege für diese Umschreibung finden sich bereits im Frühneuhochdeutschen bzw. frühen Neuhochdeutschen (vgl. Fleischer / Schallert 2011):

(24) *wann du aber einen hohen Sinn hättest* [...] / *so* ***würdest*** *du mit Fleiß nach hohen Ehren und Dignitäten* ***trachten***
(Grimmelshausen: *Simplicissimus*, 1669)

Entstanden ist die *würde*-Konstruktion dabei zunächst in Hauptsätzen, die ein irreales zukünftiges Geschehen als Folge eines hypothetischen Konditionalsatzes bezeichneten und daher statt *werden* + Infinitiv die entsprechende Konjunktivform *würde* + Infinitiv enthielten. Erst später weitete sich die *würde*-Umschreibung auch auf andere Kontexte aus, in denen Konjunktiv II verwendet wird, u. a. auch auf Nebensätze, und wird heute auch mit Gegenwartsbezug statt Zukunftsbezug gebraucht. Als mögliche Ursache für die Ausbreitung der *würde*-Umschreibung, also einen morphosyntaktischen Wandel, ist in der Forschung die Nebensilbenabschwächung angesehen worden, also ein phonologischer Wandel, d. h. der Wandel wäre intern verursacht durch Wandel auf einer anderen Ebene des Sprachsystems (vgl. Kap. 3.1): Bei den schwachen Verben waren im Althochdeutschen Präteritum Indikativ und Konjunktiv II anhand der Flexionssuffixe deutlich unterscheidbar (z. B. ‚machen': 3. Sg. Prät. Ind. *er machota* vs. 3. Sg. Konj. II *er machoti*). Durch die Nebensilbenabschwächung ergab sich seit dem Mittelhochdeutschen bei den schwachen Verben systematischer Formenzusammenfall dieser Kategorien (3. Sg. Prät. Ind. = 3. Sg. Konj. II: mhd. *er machete* / (f)nhd. *er machte*). Durch die *würde*-Konstruktion sind die Formen wieder unterscheidbar, der störende Synkretismus (s. auch Kap. 3.1) wird aufgelöst (*er machte* vs. *er würde machen*).

Analytische, also zusammengesetzte Verbformen gibt es im Deutschen jedoch nicht nur für Modus mit *würde* (oder regional / umgangssprachlich auch mit *tun*: *er täte machen*, wogegen sich u. a. der dritte Merkvers oben richtet). Auch **Tempusformen** wie Perfekt oder Futur werden im Deutschen analytisch,

d. h. mit einem Hilfsverb, gebildet, das ebenfalls durch Grammatikalisierung im Lauf der Sprachgeschichte entstanden ist. Aus dem Germanischen hat das Deutsche nur die beiden Tempora Präsens und Präteritum ererbt. Während das *werden*-Futur erst im Lauf des 16. Jahrhunderts üblich geworden ist, begann sich das Perfekt bereits im Lauf des Althochdeutschen auf der Grundlage von Prädikativkonstruktionen mit Kopula ‚sein' bzw. Vollverb ‚haben / besitzen' und prädikativem (z. T. adjektivisch flektiertem) Partizip II herauszubilden, vgl. Fleischer / Schallert (2011). ‚Er ist zurückgekehrt' bedeutete zunächst ‚Er ist ein Zurückgekehrter' (Subjektsprädikativ), ‚Er hat einen Baum gepflanzt' geht zurück auf ‚Er besitzt einen gepflanzten Baum / einen Baum, der gepflanzt ist' (Objektsprädikativ), vgl. (25) und (26). Die Konstruktion mit *haben* konnte entsprechend zunächst nur mit Objekt verwendet werden. Im Spätalthochdeutschen weitete sich der Gebrauch allmählich auch auf intransitive Verben aus, vgl. (27). Erst im Lauf des Mittelhochdeutschen wurde das Perfekt voll grammatikalisiert.

(25) *Er* ***ist*** *fon héllu* ***iruuúntan***
er ist von Hölle zurückgekehrt
‚Er ist von der Hölle zurückgekehrt' (Otfrid, um 870)

(26) *phigboum* ***habeta*** *sum* ***gipflanzotan*** *in sinemo uuingarten*
Feigenbaum hatte jemand gepflanzten in seinem Weinberg
‚Jemand hatte einen Feigenbaum gepflanzt / als Gepflanzten in seinem Weinberg' (Tatian, 830)

(27) *so* ***hábet*** *er* ***gelógen***
‚so hat er gelogen' (Notker: *De interpretatione*, Anfang 11. Jahrhundert)

Während das Perfekt zunächst einen zum Sprechzeitpunkt relevanten Zustand bezeichnete, wurde es ab dem Frühneuhochdeutschen zunehmend auch als reines Vergangenheitstempus verwendet. Aufgrund dieser (partiellen) funktionalen Neutralisierung von Perfekt und Präteritum hat das Perfekt mittlerweile dialektal und umgangssprachlich weitgehend das Präteritum als Vergangenheitstempus abgelöst (**Präteritumschwund**, v. a. im Oberdeutschen, insbesondere bei Vollverben). Wie im Fall des Wandels von synthetischem zu analytischem Konjunktiv zeigt sich damit auch bei den Tempora in der Geschichte des Deutschen der in vielen Sprachen zu beobachtende, durch Grammatikalisierung bedingte **Wandel von der synthetischen zur analytischen**

Formenbildung, also von der Markierung grammatischer Merkmale durch Flexion am Wort selbst zur mit einem zusätzlichen Funktionswort (Hilfsverb etc.) gebildeten Form.

Durch Grammatikalisierung kommt es aber umgekehrt auch wieder zum **Wandel von analytisch zu synthetisch**, indem bspw. aus den aus ursprünglichen Vollverben entstandenen Hilfsverben im Verlauf der Sprachentwicklung durch weitere Reduktion bloße Flexive entstehen. Dies ist der sprachhistorische Hintergrund des für Präteritalformen schwacher Verben typischen *-te*-Suffixes (vgl. Szczepaniak 2011a). Während starke Verben ihr Präteritum mit Ablaut bilden, wurde das Präteritum der im Germanischen von Nomen, Adjektiven etc. neu abgeleiteten schwachen Verben zunächst analytisch mithilfe des vom Vollverb zum Hilfsverb grammatikalisierten Verbs ‚tun' (germ. **dôn*) gebildet. Sie entsprach also der im dritten eingangs aufgeführten Merkvers kritisierten *tun*-Umschreibung für Präteritum, aber auch Konjunktiv etc. in heutiger Umgangssprache und Dialekten: *er tat machen / er täte machen* (s. o.). Eine Form wie got. *salbôdêdun* ‚sie salbten' lässt sich entsprechend zurückführen auf *salbôn* ‚salben' und die germanische Präteritumsform **dêdunt* ‚sie taten', ist also entstanden aus der Umschreibung ‚sie salben taten'. In der gotischen Form ist das Hilfsverb bereits so weit phonologisch reduziert, dass es mit dem Vollverb verschmolzen (klitisiert) ist. Im weiteren Verlauf der Entwicklung wurde es in den germanischen Sprachen schließlich zum bloßen Suffix reduziert (dt. *-te*, engl. *-ed*, schwed. *-de* etc.). An dieser und den vorher ausgeführten Entwicklungen lassen sich wichtige **Merkmale der Grammatikalisierung** erkennen:

- Desemantisierung (lexikalisch-semantischer Gehalt nimmt ab, Verlust der ursprünglichen, konkreten Bedeutung)
- Extension (Element wird in neuen Kontexten möglich)
- Erosion (phonologische Abschwächung, Verlust lautlicher Substanz)
- Dekategorisierung (Reanalyse, Verlust morphosyntaktischer Eigenschaften und hieraus resultierend der syntaktischen Selbstständigkeit)
- Fusion (freies Morphem > gebundenes Morphem)
- Unidirektionalität / Irreversibilität (Entwicklung: Inhaltswort > Funktionswort > Partikel > Klitikum > Affix, aber nicht umgekehrt)

Viele Fälle von Grammatikalisierung lassen sich in ähnlicher Weise in etlichen, auch entfernten Sprachen nachweisen. Diese sprachübergreifenden **Grammatikalisierungspfade** zeigen, dass es sich um systematischen Sprachwandel aus sprachinternen Gründen handelt, der uns insofern einiges über die Sprache an sich bzw. über menschliche Kognition verraten kann. Zudem findet der Abbau und Wiederaufbau des grammatischen Inventars durch Grammatikalisierung oft in ähnlicher Weise wiederholt statt (**zyklischer Sprachwandel**, s. auch Kap. 3.1, 3.3 und 4.2).

Wie andere Arten von Sprachwandel erfolgt auch Grammatikalisierung natürlich nicht nur im verbalen Bereich. So sind durch Grammatikalisierung im Lauf der deutschen Sprachgeschichte bspw. aus Demonstrativpronomen bzw. Zahladjektiven definite bzw. indefinite Artikel entstanden (s. Kap. 4.2) und aus Nomen Konjunktionen (z. B. *Weile* > *weil*), Derivationssuffixe (*lîch* ‚(toter) Körper' > *-lich*) oder Präpositionen (z. B. *trotz*, *wegen*, *mittels* s. Kap. 3.4). Auch hier lässt sich Schülern vermitteln, dass Grammatik kein starres Regelwerk, sondern ein dynamisches System ist, dessen Inventar durch den Sprachgebrauch immer wieder verändert und erneuert wird.

4.4 Aufgaben

1. Wie ließe sich der Einstieg ins Thema Sprachwandel am Beispiel des Wandels der nominalen Pluralflexion in der Oberstufe im Sinn des forschenden Lernens didaktisch gestalten?
2. Sie lassen mit Blick auf den Wandel der Verbstellung in Kausalsätzen die Schüler in verschiedenen Texten bestimmen, ob in den mit *weil* eingeleiteten Sätzen Verbzweit- oder Verbendstellung vorliegt. Worin besteht die Schwierigkeit bei dieser Aufgabenstellung in Sätzen wie den folgenden:
(i) *Dass du Held seyst sehn sie, weil du kamest* (Johann Wolfgang von Goethe: *West-östlicher Divan*, 1819)
(ii) *Ich pocht auch bei Gelehrten an, Weil ehrlich ist ihr Wandel, Doch ist ihr Werk ein Lug und Wahn Und spärlich nach dem Handel.* (Achim von Arnim / Clemens Brentano: *Des Knaben Wunderhorn*, 1808)
(iii) *Soll sich ein Christ vor der Geschwätzigkeit hüten / weil solches Laster ist wider die Erbarkeit.* (Johann Jacob Bauller: *Hell-Polirter Laster-Spiegel*, 1681)
(iv) *…, weil mir war berichtet worden, daß …* (Johann Friedrich Blumenbach: *Über die natürlichen Verschiedenheiten im Menschengeschlechte*, 1798)
3. Bevor sich im Frühneuhochdeutschen *werden* als Futurhilfsverb durchsetzte, wurden Futurformen im Mittelhochdeutschen insbesondere auch mit *wollen* oder *sollen* gebildet, z. B. *du* ***wilt*** *von ir grôzen scaden* ***gewinnen***

‚du wirst von ihr großen Schaden erlangen' (*Kaiserchronik*, Mitte 12. Jahrhundert). Wenn Sie an Futurformen in anderen Sprachen denken, wie lässt sich die Grammatikalisierung von Modalverben zu Futurhilfsverben im Mittelhochdeutschen fächerübergreifend bzw. sprachvergleichend behandeln?

5 Sprachgeschichte und Orthographie

5.1 Pünktchen, Pünktchen, Komma, Strich – Interpunktionsgeschichte

Da es Ziel dieses Buches ist, einen Überblick über Sprachgeschichte mit Bezug auf die Schule zu geben, orientiert sich die Darstellung an relevanten Lernbereichen des Deutschunterrichts und bezieht angesichts der wichtigen Rolle der Orthographie in der Schule (vgl. auch LinguS-Band 7) auch den graphematischen Wandel, also den Wandel in der Schreibung, zentral mit ein. In diesem Bereich ist neben den im Folgenden angesprochenen Themen der Interpunktion, der satzinternen Großschreibung (Kap. 5.2) und der Getrennt- und Zusammenschreibung (Kap. 5.3) auch bspw. die Entwicklung des Schriftsystems und bestimmter Buchstaben bzw. Grapheme interessant (s. hierzu auch die Hinweise zu den historischen Texten in Kap. 2.2–2.4): die Entstehung des lateinischen Alphabets, Runen, mit denen teilweise auch Althochdeutsch verschriftlicht wurde und die durch ihre Verwendung in der Jugendkultur (Gothic-/Black-Metall-Szene, Fantasy) einen direkten Lebensweltbezug für viele Schüler haben, die Weiterentwicklung der Schrift einschließlich der Fraktur und der deutschen Kurrent-Schrift, die Schülern etwa in Aufzeichnungen ihrer Urgroßeltern begegnet, die Entstehung von im lateinischen Alphabet nicht vorkommenden Graphemen wie <ä>, <ö>, <ü> oder <ß>, die Entwicklung der Lang- und Kurzvokalschreibung (z. B. Graphem <ie> zur Wiedergabe von [i:] aufgrund der frühneuhochdeutschen Monophthongierung [iə̯] > [i:], s. Kap. 2.4, d. h. Schreibung trotz Lautwandel beibehalten) usw. Zu diesen Themen finden sich Materialien im Internet, Jugendbüchern (z. B. Nützel 2007: Kap. 9) und zahlreichen weiteren Publikationen (u. a. Boschung / Hellenkemper 2007), weshalb sie sich bspw. hervorragend für die didaktische Methode des materialgestützten Schreibens eignen.

Im Folgenden soll nun näher auf den **Wandel der Interpunktion** eingegangen werden. Die Interpunktion, v. a. die Kommasetzung, ist von besonderer schulischer Relevanz, da Studien zufolge fast die Hälfte der Orthographiefehler von Abiturienten die Interpunktion betrifft, davon über 90 Prozent die Kommasetzung (vgl. Pießnack / Schübel 2005). Die sprachhistorische Betrachtung zeigt bemerkenswerte Parallelen im Ablauf von historischer Entwicklung und Erwerb bzw. Fehleranfälligkeit der Kommasetzung auf und hilft, den Schülern die Systematik der Kommasetzung zu vermitteln.

Der Wandel der Interpunktion lässt sich bereits exemplarisch an den in Kap. 2.2–2.4 angeführten historischen Textausschnitten nachvollziehen. Im

Alt- und Mittelhochdeutschen findet sich ein sehr eingeschränktes Inventar an Interpunktionszeichen. Hier wird v. a. der (Mittel-)Punkt verwendet. An vielen Stellen, wo wir heute etwa einen Punkt oder ein Komma setzen würden, findet sich (im Gegensatz zu dem, was man häufig in Textausgaben durch die Herausgeber ergänzt vorfindet) noch keine Interpunktion. Das gilt auch teilweise noch für das Frühneuhochdeutsche, in dem außer dem Punkt als Interpunktionszeichen v. a. die Virgel </> genutzt wird (vgl. die Beispieltexte in Kap. 2.4 und 5.2).

Dabei ist das frühe Interpunktionssystem keineswegs rein rhetorisch-intonatorisch basiert (nach dem Motto ‚Wo man eine Sprechpause macht, setzt man ein Interpunktionszeichen') oder gar willkürlich. Vielmehr werden Punkt und Virgel bereits systematisch zur grammatisch-strukturellen Markierung, nämlich zur Kennzeichnung von syntaktischen Grenzen, genutzt. Ab dem 16./17. Jahrhundert erfolgt zusätzlich eine kommunikative Markierung durch Interpunktion: Fragezeichen und Ausrufezeichen kommen auf, später auch Semikolon und Doppelpunkt, und ersetzen in dieser kommunikativ-markierenden Funktion die Virgel, die ihrerseits zum Komma reduziert wird. Ab Ende des 18. Jahrhunderts finden sich eigene Zeichen für metasprachliche Markierung, indem u. a. die Anführungszeichen üblich werden und schließlich ab dem 19./20. Jahrhundert der Gedankenstrich in seiner heutigen Funktion. Dieser Dreischritt in der historischen Entwicklung (vgl. Bredel 2007) entspricht dabei den Entwicklungsstufen im Schriftspracherwerb: In der frühen Grundschulphase verwenden Schüler zunächst Punkt und Komma, später zusätzlich Frage- und Ausrufezeichen und etwa ab der achten Klasse auch Anführungszeichen, Auslassungspunkte und Gedankenstrich. Ähnliche Parallelen zwischen sprachhistorischer Entwicklung und Schriftspracherwerb sowie aufschlussreiche Korrelationen im Sprachvergleich (Typologie) zeigen sich auch speziell bei der **Kommasetzung** (vgl. Kirchhoff 2017), wie in Abb. 9 dargestellt.

Zu den typischen Kontexten, in denen Kommas gesetzt werden, gehört zum einen die konjunktionslose **Reihung** (Koordination ohne Konjunktion). Hier wird vom 15. bis 20. Jahrhundert durchgängig hochsystematisch interpungiert (in über 94 Prozent der Fälle), im 15. Jahrhundert mit dem (Mittel-)Punkt, ab dem 16. Jahrhundert mit der Virgel und ab dem 18. Jahrhundert mit dem Komma. Auch im Schriftspracherwerb werden Aufzählungen am frühesten interpungiert: Grundschüler beginnen hier bereits vor der expliziten Vermittlung der Kommasetzung im Schulunterricht, Kommas zu verwenden. Auch in höheren Klassenstufen finden sich praktisch keine Kommafehler bei Reihungen (vgl. Pießnack/Schübel 2005). Es besteht zudem die geringste typologische

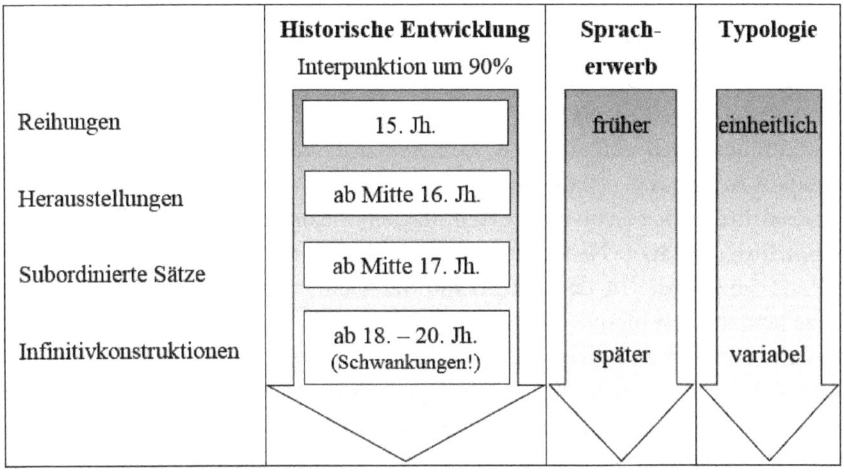

Abb. 9: Historische Entwicklung, Erwerb und Typologie des Kommas (nach Kirchhoff 2017)

Variation: Auch in vielen anderen Sprachen, so im Russischen, Finnischen, Englischen, Niederländischen und den romanischen Sprachen, wird hier durchgängig ein Komma gesetzt. (Variation besteht dagegen bei Koordination mit koordinierender Konjunktion. Auch bei nicht-satzwertigen Konjunkten wird im Englischen z. T. ein Komma gesetzt, ebenso wie teilweise im historischen Deutschen. Bis heute schwankt die Kommasetzung bei mit koordinierender Konjunktion verbundenen satzwertigen Konjunkten.)

Einen weiteren typischen Kontext der Kommasetzung bilden **Herausstellungen**. Hierunter fallen Appositionen, Anrede, Interjektionen, herausgestellte (dislozierte), also rechts-/linksperipher und zusammen mit einem Korrelat im übergeordneten Satz auftretende Adverbialsätze, Links-/Rechtsversetzung, aber auch appositive (nicht-restriktive) Relativsätze, also solche, die die vom Bezugsnomen bezeichnete Menge nicht weiter einschränken, sondern nur eine Zusatzinformation geben (z. B. *meine Eltern, die (übrigens) in der Nähe von Halle wohnen*). In diesen Kontexten wurde im 15. Jahrhundert noch kaum interpungiert. Eine systematische Interpunktion von Herausstellungen lässt sich laut Kirchhoff (2017) ab Mitte des 16. Jahrhunderts beobachten und verfestigt sich ab Mitte des 17. Jahrhunderts, wobei zunächst die Virgel und später das Komma verwendet wird. Zuerst werden v. a. die satzwertigen Herausstellungen durch Interpunktion abgegrenzt. Im Schriftspracherwerb von Grundschülern findet sich ebenfalls die Interpunktion von Herausstellungen später als die bei Reihungen. Wie in der Sprachgeschichte werden auch im Erwerb satzwertige Herausstellungen schon vor nicht-satzwertigen mit Kommas abgegrenzt, da sie u. a. aufgrund des Korrelats gut identifizierbar sind. Der Sprachvergleich zeigt, dass in allen oben aufgeführten Sprachen in Herausstellungskonstruktionen ebenfalls Kommas gesetzt werden.

Die dritte Gruppe von Kontexten, in denen Kommas gesetzt werden, sind **subordinierte Sätze** (Nebensätze). Hier markiert die Interpunktion die satzinterne Satzgrenze. In der Geschichte des Deutschen wurden subordinierte Sätze längere Zeit nicht durch Interpunktion vom übergeordneten Satz abgegrenzt. Noch im 15. Jahrhundert wird nur bei etwa einem Fünftel der subordinierten Sätze interpungiert. Im 16. Jahrhundert ist dann ein Anstieg zu verzeichnen. Erst mit dem Beginn des Neuhochdeutschen, d. h. ab Mitte des 17. Jahrhunderts, findet sich auch hier hochsystematische Interpunktion in bis zu 100 Prozent der Fälle. Dies gilt auch für restriktive Relativsätze (z. B. *Leute, die in der Nähe von Halle wohnen*) im Unterschied zu den appositiven (nicht-restriktiven) Relativsätzen, die zu den Herausstellungen zählen (s. o.): Bis in die erste Hälfte des 17. Jahrhunderts hinein werden restriktive Relativsätze deutlich seltener durch Interpunktion abgegrenzt als appositive. Das Komma bei subordinierten Sätzen wird von Schülern deutlich später erworben und bereitet noch in oberen Klassenstufen Probleme: Pießnack / Schübel (2005) zufolge machen über 60 Prozent der Kommafehler bei Abiturienten fehlende Kommas bei Nebensatzgrenze aus. Auch typologisch zeigt sich hier deutliche Variation: Im Gegensatz zum Deutschen, Polnischen, Russischen oder Finnischen werden nicht-herausgestellte subordinierte Sätze (einschl. restriktiver Relativsätze) im Englischen, Niederländischen und romanischen Sprachen nicht mit Kommas vom Restsatz abgegrenzt.

Bei (**satzwertigen**) **Infinitivkonstruktionen**, also infiniten Nebensätzen, werden ebenfalls Kommas verwendet (z. B. *Sie hat vor, morgen abzufahren*). Auch hier wurde jedoch im 15. Jahrhundert noch kaum interpungiert, ab dem 16. Jahrhundert etwas häufiger, wobei vom 16. Jahrhundert an bereits die Satzwertigkeit der Infinitivkonstruktion entscheidend für die Verwendung der Interpunktion ist (satzwertige Infinitivkonstruktionen treten im 16. Jahrhundert zu ca. 60 Prozent mit Interpunktion auf). In der Sprachgeschichte schwankt die Interpunktion bei Infinitivkonstruktionen laut Kirchhoff (2017) insgesamt recht stark. Im 20. Jahrhundert wird dann in satzwertigen Infinitivkonstruktionen zu etwa 90 Prozent ein Komma gesetzt. In der ‚alten Rechtschreibung' war bei erweiterten Infinitiven mit *zu* ein Komma zu setzen, was jedoch weder ein notwendiges noch ein hinreichendes Kriterium für Satzwertigkeit ist, so dass sich diese Regelung nicht mit dem impliziten Wissen der Schreiber deckte und daher kaum beherrscht wurde. In der aktuellen Orthographieregelung ist die Kommasetzung bei Infinitivgruppen an bestimmte, bei satzwertigen Infinitivkonstruktionen auftretende lexikalische Marker (*um / ohne zu*, Korrelat, Abhängigkeit von Nomen) gebunden. In allen anderen Fällen und bei bloßen Infinitiven mit *zu* ist die Kommasetzung dagegen weitgehend freigestellt und die Schreiber können ihrem impliziten sprachlichen Wissen folgend ggf. ein Komma setzen. Was den Spracherwerb der Kommasetzung bei Infinitivkonstruktionen angeht, so erfolgt dieser ähnlich wie die Ausbildung der Interpunktion in der historischen Entwicklung in diesem Kontext sehr spät. Hier bestehen auch die größten Unsicherheiten selbst bei kompetenten Schreibern. Typologisch zeigt sich zudem bei der Kommasetzung bei satzwertigen Infinitivkonstruktionen die größte Variation. In vielen Sprachen (u. a. im Englischen, Französischen und Spanischen) wird hier kein Komma gesetzt.

Die Parallelen zwischen historischer Entwicklung, Spracherwerb und Typologie in den verschiedenen Typen von Kontexten ermöglichen nicht nur ein tieferes Verständnis des Systems der Kommasetzung, sondern vermitteln den Schülern auch ein besseres Verständnis für eigene Schwierigkeiten und Fehler vor dem Hintergrund von Sprachgeschichte und Sprachvergleich. Die Entwicklung der Interpunktion stellt dabei einen über Jahrhunderte währenden, vom normativen Diskurs und Eingriffen einzelner Individuen oder Institutionen (also von sprachexternen Ursachen) weitgehend unabhängigen Sprachwandelprozess dar, in dessen Verlauf die Kennzeichnung syntaktischer Strukturen durch Interpunktionszeichen systematisch auf weitere Kontexte ausgedehnt wird. Aktuell ist in diesem Zusammenhang bspw. die Zunahme von (noch) falschen Kommas zur Abgrenzung komplexer Phrasen (z. B. Präpositionalphrasen) im Vorfeld zu beobachten (Vorfeldkomma, z. B. *Von der inhaltlichen Perspektive her, lassen sich drei Gründe festmachen* ...; vereinzelt schon seit Luther).

5.2 Die Entwicklung der satzinternen Großschreibung

Die **satzinterne Großschreibung** (oder Substantivgroßschreibung / Nomengroßschreibung; im Unterschied zur Großschreibung z. B. am Satzanfang) ist eine Besonderheit des deutschen Schriftsystems. Zwar werden auch in anderen Sprachen Wörter im Satz großgeschrieben (vor allem Eigennamen, aber z. B.

auch bestimmte Pronomen), doch folgt die satzinterne Großschreibung im Deutschen einer ganz eigenen, **historisch gewordenen Systematik**. Im Althochdeutschen und Mittelhochdeutschen wurden Nomen nicht oder kaum großgeschrieben (z. B. <*taga*>/<*tage*> ‚Tage‘, <*huse*> ‚Haus‘, <*sun*> ‚Sohn‘ in den Beispieltexten in Kap. 2.2 und 2.3). Ab dem späteren Frühneuhochdeutschen begann sich die Nomengroßschreibung schrittweise herauszubilden (vgl. Bergmann / Nerius 2006):

- In einer ersten Phase der Entwicklung (1560–1590) wurden vorwiegend (Personen- und Orts-)**Namen** sowie Bezeichnungen für Heiliges, sogenannte **Nomina sacra** (z. B. <*Herr*>, <*Gott*>), großgeschrieben. Die satzinterne Großschreibung war zu diesem Zeitpunkt noch wenig systematisch und spiegelte eher bestimmte Schreibabsichten wider. So kann etwa die Großschreibung von Nomina sacra auf Intentionen wie Respekt- und Ehrbekundungen zurückgeführt werden.
- In der zweiten Phase (um 1600) wurden auch **Personenbezeichnungen** (z. B. <*Mann*>, <*Weib*>) mehrheitlich großgeschrieben. Die satzinterne Großschreibung wurde nun stärker an die Wortart Nomen gekoppelt.
- In der Folge dehnte sich die Großschreibung in der dritten Phase (bis Mitte 17. Jahrhundert) auf eine weitere Klasse von Nomen aus. Neben Eigennamen, Nomina sacra und Personenbezeichnungen wurden nun auch konkrete, d. h. sinnlich erfass- und wahrnehmbare Gegenstände bezeichnende Nomen großgeschrieben, die **Konkreta** (z. B. <*Baum*>, <*Hand*>).
- In einer letzten Entwicklungsphase (Ende 17. Jahrhundert) wurden auch abstrakte Nomen (**Abstrakta**) großgeschrieben. Mit der Großschreibung aller Nomen unabhängig von ihrer Bedeutung (heilig, belebt, konkret, abstrakt) markiert die Großschreibung nun eine syntaktische Kategorie, den Kopf von Nominalphrasen. Deutlich wird dieser Übergang dadurch, dass auch Konversionen (**Nominalisierungen**) aus Verben (*das ausgelassene Spielen*), Adjektiven (*das kleine Schwarze*) oder Adverbien (*sein ständiges Vielleicht*) Köpfe von Nominalphrasen bilden können und somit von der satzinternen Großschreibung erfasst werden.

Die beschriebenen Phasen lassen sich auch aus einer kognitiven Perspektive untersuchen (vgl. Szczepaniak 2011b). So kann bspw. die Großschreibung von Eigennamen und Nomina sacra in der ersten Phase durch die kognitiven Kategorien der Individualität und der Relevanz erklärt werden, d. h. großgeschrieben wurde, was Einzelpersonen bezeichnete oder vor dem damaligen soziokulturellen Hintergrund relevant erschien.

Der folgende, bereits aus Kap. 2.2–2.4 inhaltlich bekannte Beginn des Weihnachtsevangeliums nach Lukas, der in Abb. 10 in einem Auszug aus der ersten vollständigen Bibel-Übersetzung Martin Luthers von 1534 wiedergegeben ist, entspricht dieser ersten Phase der individualitäts- und relevanzgesteuerten Großschreibung. Hier werden vor allem Eigennamen, sowohl Ortsnamen wie <*Nazareth*> oder <*Bethlehem*> als auch Personennamen wie <*Augusto*>, <*Kyrenios*>, <*Maria*> oder <*Joseph*>, großgeschrieben, wobei die beiden letzteren Namen auch als Nomina sacra angesehen werden können. Darüber hinaus werden auch einige Nomen großgeschrieben, die als relevant Erachtetes bezeichnen: <*Keiser*>, <*Landpfleger*> und <*Son*>.

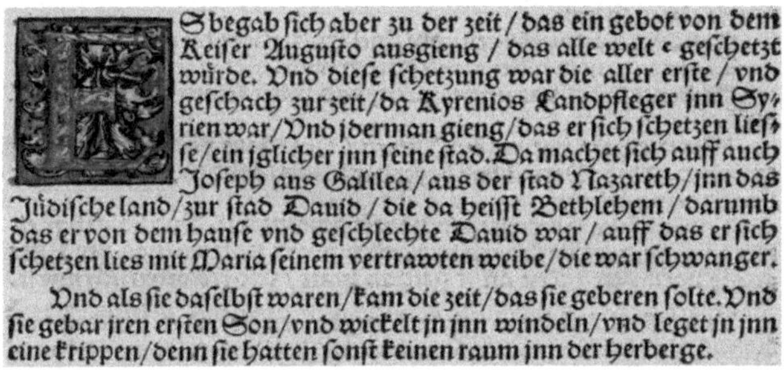

ES begab sich aber zu der zeit / das ein gebot von dem
Keiser Augusto ausgieng / das alle welt · geschetzt
würde. Vnd diese schetzung war die aller erste / vnd
geschach zur zeit / da Kyrenios Landpfleger jnn Sy-
rien war / Vnd jderman gieng / das er sich schetzen lies-
se / ein iglicher jnn seine stad. Da machet sich auff auch
Joseph aus Galilea / aus der stad Nazareth / jnn das
Jüdische land / zur stad Dauid / die da heisst Bethlehem / darumb
das er von dem hause vnd geschlechte Dauid war / auff das er sich
schetzen lies mit Maria seinem vertraweten weibe / die war schwanger.

Vnd als sie daselbst waren / kam die zeit / das sie geberen solte. Vnd
sie gebar jren ersten Son / vnd wickelt jn jnn windeln / vnd leget jn jnn
eine krippen / denn sie hatten sonst keinen raum jnn der herberge.

Abb. 10: Luther-Bibel (1534), Lk 2, 1–7. Quelle: Staats- und Universitätsbibliothek Hamburg, Scrin 110: 2, http://resolver.sub.uni-hamburg.de/kitodo/PPN867168846 (CC BY-SA 4.0)

Vergleicht man diese Erstausgabe der Luther-Bibel von 1534 mit ihrem elf Jahre später erschienenen Pendant, der letzten noch von Luther selbst überarbeiteten Bibelversion von 1545 (s. den Textausschnitt in Kap. 2.4, Abb. 6), ist festzustellen, dass dort bereits die zweite Phase der satzinternen Großschreibung beschritten wurde. Neben den individualisierenden Eigennamen und besonders relevanten Inhalten erhalten in dieser Ausgabe nun auch weitere Nomen, die belebte Objekte bezeichnen, die Majuskel, so z. B. Personenbezeichnungen wie <*Weib*>. Zudem finden sich viele Belege für Konkreta, die im Unterschied zur ersten Luther-Bibel von 1534 großgeschrieben werden, bspw. <*Windeln*>, <*Krippen*> und <*Herberge*>. Nur wenige Nomen wie z. B. das Abstraktum <*zeit*> oder in manchen Fällen auch <*stad*> werden noch kleingeschrieben.

Die Übergänge von einer Großschreibungsphase zur nächsten verlaufen über lexikalische Brücken, durch die aufeinanderfolgende Phasen der satzinternen Großschreibung verbunden werden (vgl. Bredel 2006: 154f.). Dies ist ein auch im Spracherwerb üblicher Vorgang: Eigenschaften einer bereits von der Großschreibung erfassten Nomenklasse werden auf eine eigenschaftsverwandte Klasse übertragen. Auch bei der satzinternen Großschreibung lassen sich interessante Parallelen der historischen Entwicklung zum **kindlichen Schriftspracherwerb** aufzeigen: Beide Entwicklungen beginnen bei denselben Kategorien (Eigennamen) und breiten sich dann über weitere Kategorien (Personenbezeichnungen, Konkreta, Abstrakta) bis hin zu Nominalisierungen aus. Qualitative Fehleranalysen von Grundschuldiktaten (z. B. Löffler / Meyer-Schepers 2005) zeigen, dass insbesondere leistungsschwache Grundschüler in der vierten Klasse noch Schwierigkeiten beim Erkennen von Abstrakta haben und diese folglich fehlerhaft kleinschreiben.

Vor dem Hintergrund der beschriebenen Parallelen von historischer Entwicklung und Schriftspracherwerb bei der satzinternen Großschreibung ebenso wie bei der Interpunktion (s. Kap. 5.1) sollten sprachwandelbezogene Kenntnisse verstärkt in die Lehramtsausbildung integriert werden. Ziel des Orthographieunterrichts aus Sicht der Lehrer ist schließlich, die Schüler zu einer kompetenten Handhabung des Schriftsystems anzuleiten. Dies sollte jedoch nicht allein auf der Anwendungsebene (‚richtig schreiben'), sondern auch in Form eines verstehenden Zugriffs auf Sprache erfolgen. In einer **Orthographiedidaktik**, die Verständnis für die Systematik von Sprache anstelle von bloßem Regelwissen in den Kategorien ‚richtig' – ‚falsch' vermitteln möchte, lassen sich sprachwandelbezogene Kenntnisse auch im Schulkontext funktional einsetzen. Wie im Kompetenzbereich „Sprache und Sprachgebrauch untersuchen" in den Bildungsstandards für den Mittleren Schulabschluss (2003: 8) einleitend gefordert wird, können Schüler so Einsichten in „das komplexe Erscheinungsbild sprachlichen Handelns" gewinnen und hierfür neben der „eigene[n]" auch eine „fremde" Perspektive auf Sprache einnehmen – nämlich die historische. Sie lernen bspw. Produktions- und Rezeptionsbedingungen, unter denen sich das Phänomen der satzinternen Großschreibung herausgebildet hat, kennen und gelangen auf diese Weise zu einem vertieften Verständnis der satzinternen Großschreibung und ihrer historisch gewordenen Systematik.

5.3 Die Entwicklung der Getrennt- und Zusammenschreibung

Wortgrenzen (Spatien) gibt es (annähernd) systematisch erst seit dem 9. Jahrhundert, vorher wurden Texte vorwiegend in Scriptio continua (*einerschriftartohnewortzwischenräume*) verfasst. Der Vorteil von Spatien liegt auf der Hand: Leser mussten Wörter nicht mehr mühsam segmentieren (Leseanfänger tun dies bspw. durch Buchstabieren), sondern konnten Wortgrenzen auf einen Blick erfassen. Wortzwischenräume stellen also eine enorme Erleichterung des Leseprozesses dar. Hierzu passt, dass sich parallel zum Aufkommen von Spatien die Kulturtechnik des leisen, individuellen Lesens in Klöstern etablierte (vgl. Mehlem 2009).

Die Getrennt- und Zusammenschreibung hat mit der satzinternen Großschreibung (s. Kap. 5.2) gemeinsam, dass sie sich im Laufe der Sprachgeschichte hin zu einer **syntaktischen Steuerung** entwickelt hat. Zusammengeschrieben werden syntaktische Wörter, Wortgruppen werden auseinander geschrieben. Was zunächst einfach klingt, ist in der Schreibpraxis nicht immer zweifelsfrei umsetzbar. So fällt es etwa leicht, Wörter wie *Tischdecke* oder *verkaufen* als Wörter zu identifizieren und folglich zusammenzuschreiben. Schwieriger sind eine Handvoll Zweifelsfälle: Schreibt man *maßhalten, haltmachen, achtgeben* (wie: *standhalten, preisgeben*) oder *Maß halten, Halt machen, Acht geben* (wie: *Schritt halten, Abstand halten; Platz machen, Schluss machen; Obacht geben, Bescheid geben*)? Bei den drei genannten Beispielen lässt die amtliche Regelung beide Schreibungen zu, aber bei den zum Vergleich in Klammern angeführten Verbindungen ist jeweils nur die gezeigte Schreibung korrekt. Proben führen nicht immer zu einem eindeutigen Ergebnis (z. B. Artikelprobe: *Er hält das Maß/*ein Maß*, Pluralprobe: **Er hält Maße*, Erweiterungsprobe: *Er hält das richtige, optimale Maß*; Fuhrhop 2007). Dass der Sachverhalt nicht eindeutig ist, kann man auch in Korpora nachweisen, so findet man bspw. nebeneinander: *kein Maß halten* (mit negativem indefinitem Artikel, was für Getrenntschreibung spräche), aber auch: *nicht Maß halten* (ohne Artikel, was für Zusammenschreibung spräche). In der Schule ist bei solchen Grenzfällen Toleranz angebracht (in der Schweiz ist dies bspw. offizielle Schulpolitik).

Mit Blick auf die Entwicklung der Getrennt- und Zusammenschreibung in der deutschen Sprachgeschichte fallen im **Alt- und Mittelhochdeutschen** noch einige Abweichungen zur neuhochdeutschen Wortausgliederung ins Auge, die dafür sprechen, dass neben der Orientierung an lexikalischen Einheiten auch semantische und prosodische Kriterien bei der Ausgliederung eine Rolle spielten. Vor allem in Verbindung mit Artikeln und / oder Präpositionen konnte es noch zu (aus heutiger Sicht) irregulären Zusammenschreibungen kommen (s. Beispieltexte Kap. 2.2 und 2.3, z. B. *Inthemo* ,*in dem*'). Besonders lange schwankte die Getrennt- und Zusammenschreibung von Komposita. Dabei bildeten sich gerade im **Frühneuhochdeutschen** zahlreiche neue zwei- oder mehrgliedrige Komposita heraus. Bis ins 19. Jahrhundert traten Schwankungen zwischen Getrennt- (*Burger Meister*) und Zusammenschreibung (*burgermeister*) auf. Daneben gab es weitere Schreibstrategien wie bspw. die Bindestrich- (*Burger-meister*), oder Doppelbindestrichschreibung (*Burger=Meister*) sowie die Binnenmajuskel (*BurgerMeister*), die wir heute wieder bei Produkt- und Markennamen finden (*BahnCard*). Abgesehen von den Komposita hat sich die Getrennt- und Zusammenschreibung in ihrem Kernbereich bis ca. 1700 herausgebildet. Im Zuge der Rechtschreibreform von 1996 kam es allerdings in Einzelfällen zu kontroversen Debatten um die Getrennt- und Zusammenschreibung.

Im Vergleich der historischen Entwicklung der Getrennt- und Zusammenschreibung mit **kindlichen Erwerbsverläufen** lassen sich ähnliche Parallelen wie bereits für die Interpunktion und die satzinterne Großschreibung aufzeigen (vgl. Bredel 2006). Kinder stehen beim Schriftspracherwerb vor denselben Herausforderungen wie die Schreiber im Alt- und Mittelhochdeutschen. Sie müssen zunächst einmal herausfiltern, was ein Wort ist und wo sie folglich Spatien setzen. Im Gegensatz zur Interpunktion und zur satzinternen Großschreibung ist die Getrennt- und Zusammenschreibung kein Bestandteil des Deutschcurriculums in der Primarstufe oder (vertiefend) in der Sekundarstufe I. Trotz – oder vielleicht gerade dank – der fehlenden expliziten Instruktion erwerben Kinder die Getrennt- und Zusammenschreibung weitgehend mühelos und durchlaufen hierbei folgende Phasen: Von einer prosodischen über eine morphologisch-semantische Phase gelangen sie zu einer lexikalischen und schließlich zu einer syntaktischen Steuerung. Die Phasenübergänge lassen sich – wie bereits bei der satzinternen Großschreibung der Fall – als Übertragung von für die Schreibweise relevanten Eigenschaften beschreiben, wobei es nicht selten zu simultan verlaufenden Phasen oder Überlagerungen durch routinierte Wortschreibungen kommen kann (vgl. Bredel 2006: 149).

Obwohl der Erwerb der Getrennt- und Zusammenschreibung in den Sekundarstufen bereits weitgehend abgeschlossen ist, stellt die Geschichte der Wortausgliederung einen in vielerlei Hinsicht spannenden Lerngegenstand dar (vgl. Mehlem 2009). Schüler entdecken, wann bzw. vor allem warum Wortzwischenräume ‚erfunden wurden' und erschließen Entwicklungsschritte der historischen Herausbildung der Getrennt- und Zusammenschreibung.

5.4 Aufgaben

1. Wie könnte man Schülern durch ein progressiv strukturiertes Aufgabenset die Parallelen zwischen historischer Entwicklung, Spracherwerb / Fehleranfälligkeit und Typologie der Kommasetzung vermitteln?
2. Nennen Sie didaktische Argumente, die dafür sprechen, Kenntnisse der Entwicklung der satzinternen Großschreibung im Deutschunterricht zu vermitteln.
3. Sie untersuchen in der Klasse arbeitsteilig verschiedene Auszüge aus der Luther-Bibel von 1545 mit Blick auf die Getrennt- und Zusammenschreibung von Komposita: Welche Unterschiede könnten die Schüler im Vergleich zu heute feststellen?

6 Sprachgeschichte und Kulturgeschichte

6.1 Bedeutungswandel

Warum wurden Frauen noch im Frühneuhochdeutschen als *Weib* bezeichnet (s. Kap. 2.4 *mit Maria seinem vertraweten Weibe*)? Welchen Bedeutungswandel hat ahd. *faran* (s. Kap. 2.2 *inti fuorun alle*) zu nhd. *fahren* durchlaufen? Was bedeutet es, wenn in mhd. Texten von einem *(un-)billîch dinc* die Rede ist?

Die Frage, welche Bedeutung Wörter und Sätze besitzen und wie sich diese im Laufe der Sprachgeschichte wandelt, ist Gegenstand der **historischen Semantik (Bedeutungslehre)** und der **Lexik (Wortschatzlehre)** (vertiefend: Fritz 2005, Nübling et al. 2017: 139–172). Während die Semantik eine **semasiologische Perspektive** einnimmt, also untersucht, welche Bedeutung(en) Wörter und Sätze haben und wie diese sich wandeln, nimmt die Lexik eine **onomasiologische Perspektive** ein, d.h. es wird untersucht, welche Wörter im Lexikon einer Sprache zur Bezeichnung (außersprachlicher) Dinge oder Sachverhalte zur Verfügung stehen und ob diese Bezeichnungen in der Sprachgeschichte z. B. durch andere Begriffe abgelöst wurden. Beide Perspektiven werden im Folgenden am Beispiel verschiedener ‚Wortgeschichten' veranschaulicht.

Wörter und ihre Bedeutungen sind eng mit der außersprachlichen Wirklichkeit verzahnt und reagieren folglich sensibel auf außersprachliche Einflüsse. Sprachgeschichte bietet hier Anknüpfungspunkte für den integrativen Deutschunterricht, insbesondere für den literarischen Deutschunterricht, wenn Schüler z.B. über heute nicht mehr gebräuchliche Wörter ‚stolpern'. Der Wortschatz hat hier offensichtlich im Vergleich zu heute einen Wandel durchlaufen. Neue (sozial-, kultur- und mentalitätsgeschichtliche) Entwicklungen erfordern oft neue Bezeichnungen. In einigen Fällen werden Wörter aus anderen Sprachen zur Bezeichnung dieses neuen Sachverhalts entlehnt (vgl. Kap. 3.2). In anderen Fällen kommt es zu **Bedeutungswandel** innerhalb des bereits bestehenden Wortschatzes. Ein Beispiel hierfür ist das ahd. Wort *faran*, das damals noch jegliche Art der Fortbewegung bezeichnete. Im Laufe der Sprachgeschichte hat eine **Bedeutungsverengung** stattgefunden, im Zuge derer weitere, spezialisierende Merkmale zum ursprünglichen Inhalt dazugekommen sind. Das Wort kann nur noch auf einen kleineren Bereich angewendet werden, so dass nhd. *fahren* ‚sich mit einem Verkehrsmittel fortbewegen' bedeutet.

Demgegenüber hat bei *Ding* eine **Bedeutungserweiterung** stattgefunden. Im Mhd. war *dinc* noch auf die spezifische Bedeutung ‚Rechtssache, Gerichtsverhandlung' beschränkt, d.h. der Anwendungsbereich (Bedeutungsumfang) hat sich zu nhd. *Ding* vergrößert. Der Ausdruck *ein (un-)billîch dinc* bezeichnete also eine (im juristischen Sinne) ‚(un-)rechtmäßige Sache'. Das Adjektiv *billîch* wiederum hat eine **Bedeutungsverschiebung**, teilweise auch **Bedeutungsverschlechterung (Pejorisierung)** von ‚angenehm, rechtmäßig, zu Recht' im Mhd. hin zu nhd. ‚günstig, wertlos, von minderer Qualität' durchlaufen, vgl. Abb. 11. Die rechtssprachliche Verwendungsweise dominierte lange Zeit. Spätestens im 18. Jahrhundert kam es zu einer Spezialisierung im Bereich des Handels, wobei *ein billiger Preis* noch einen ‚angemessenen Preis' bezeichnete. In der ersten Hälfte des 19. Jahrhunderts setzte sich *billig* gegenüber dem bis dahin gebräuchlichen *wohlfeil* durch und hatte folglich primär die Bedeutung ‚(preis-)günstig'. Da es sich bei günstigen oft auch um minderwertige Waren handelte, wurde *billig* im 19. Jahrhundert durch die (Sekundär-)Bedeutung ‚primitiv, wertlos' angereichert. Aus dem Bereich des Handels (*billige Waren*) wurde *billig* dann auf andere Ausdrücke und Bereiche (*billiger Trick*) übertragen.

Mhd.	→	**18. Jh.**	→	**19. Jh.**	→	**heute**
billîch	>	*billige Waren*	>	*billiger Trick*	>	*ein billiges Flittchen*
‚rechtmäßig'		‚angemessen', preisgünstig'		‚primitiv'		[verächtlich] ‚wertlos'
Bedeutungsverschiebung				**Pejorisierung**		

Abb. 11: Semantischer Wandel von *billig*

In der Entwicklung von *billig* kommen zwei Verfahren des Bedeutungswandels zum Tragen, die auch in vielen weiteren Prozessen semantischen Wandels wirken (z. B. mhd. *geil* ‚lustig, üppig, begierlich' > nhd. *geil* ‚lüstern, großartig, toll', mhd. *vrech* ‚kühn, tapfer, eifrig' > nhd. *frech* ‚unverschämt'): Der Bedeutungswandel von ‚angemessen' zu ‚preisgünstig' im 18. Jahrhundert basiert auf einer **Metonymie**, d. h. einer (semantischen) Übertragung innerhalb desselben Sinnbereichs. Der Übergang von ‚rechtmäßig' zu ‚angemessen' und schließlich zu ‚wertlos' stellt wiederum eine Übertragung innerhalb verschiedener Sinnbereiche (hier: Recht → Handel → viele andere Bereiche) dar und ist daher als **Metapher** zu bezeichnen. Im letzten Schritt dieses Prozesses kam es zu einer Bedeutungsverschlechterung, im Zuge derer *billig* jetzt nicht nur ‚preisgünstig', sondern auch ‚primitiv' (*billige Ausrede*) und schließlich (verächtlich) ‚wertlos, leicht zu haben' (*billiges Flittchen*) heißen konnte.

Viele **Frauenbezeichnungen** haben im Laufe der Sprachgeschichte eine solche Bedeutungsverschlechterung durchlaufen. Sie lassen sich in die folgenden drei „Pfade der Pejorisierung" einteilen (Nübling 2011: 346–349):

- **Deklassierung (soziale Abwertung):** Diese betrifft z. B. ahd. *wīb* bzw. mhd. *wîp* ‚(Ehe-)Frau', das zum nhd. Schimpfwort *Weib* ‚schlampige, liederliche Frau' abgewertet wurde. Ahd. *frouwa* ‚Herrin, adlige Frau' wurde zu mhd. *vrouwe* ‚verheiratete, sozial hochstehende Frau' und schließlich zur allgemeinen Bezeichnung für Frauen im Nhd. Am deutlichsten wird die Deklassierung bei ahd. *frouwelīn* ‚junge Herrin, Gebieterin, Frau von Stand', das über eine Zwischenstufe der Sexualisierung bei mhd. *vröu(we)-lin* ‚Mädchen niederen Standes, Hure' zu nhd. *Fräulein* ‚unverheiratete Frau, Kellnerin, Bedienung' abgewertet wurde.
- **Biologisierung (Sexualisierung):** Dies ist z. B. bei ahd. *diorna* ‚junges Mädchen' der Fall, das zu mhd. *dierne* ‚junge Dienerin, Magd' funktionalisiert und schließlich zu nhd. *Dirne* ‚Prostituierte' sexualisiert wurde.
- **Funktionalisierung:** Funktionalisiert wurde z. B. ahd. *magad* bzw. mhd. *maget* ‚junge, unverheiratete Frau', das zu *Magd* ‚Haus-/Hofangestellte für grobe, einfache Arbeiten' wurde.

Aufgrund der Pejorisierung der Bedeutung werden z. T. früher gebräuchliche Wörter in der Folge weniger verwendet, so z. B. *Weib* oder die Anrede *Fräulein* (ähnlich wie etwa im Zuge der Bemühung um politisch korrekte Sprache heute negativ konnotierte bzw. abwertende Bezeichnungen wie *Neger* oder *Zigeuner* vermieden bzw. durch andere Ausdrücke ersetzt werden). Bei Männerbezeichnungen ist eine Pejorisierung nur bedingt eingetreten. Zwar fand auch bei mhd. *herr(e)* eine Generalisierung statt, infolge derer die Anrede *Herr* (ähnlich wie *Frau*) nicht mehr für Personen hohen Standes reserviert war. Vergleichbare Funktionalisierungen und Sexualisierungen wie bei den Frauenbezeichnungen sind jedoch für Männerbezeichnungen nur in wenigen Fällen belegt, z. B. bei ahd./mhd. *kneht* ‚Junge, Soldat', das zu nhd. *Knecht* ‚Haus-/Hofangestellter für grobe, einfache Arbeiten' wurde und damit eine zum etymologisch identischen Wort *knight* ‚Ritter' im Englischen konträre Entwicklung durchlaufen hat.

Um die beschriebenen Entwicklungen – Frauenbezeichnungen werden in der Sprachgeschichte eher abgewertet, Männerbezeichnungen bleiben eher gleich oder erfahren eine **Bedeutungsverbesserung** (**Meliorisierung**, z. B. mhd. *junc-herre* ‚Junger Herr, Edelknabe' > nhd. *Junker* ‚adliger Gutsbesitzer') – zu erklären, wurde in der sprachwissenschaftlichen Forschung u. a. auf die **„Theorie**

der unsichtbaren Hand" von Keller (2014) in Verbindung mit dem Galanteriegebot gegenüber Frauen zurückgegriffen. Dieser Theorie zufolge kann sprachlicher Wandel weder als naturgesetzlicher Prozess noch als von Sprachnutzern bewusst herbeigeführte Veränderung beschrieben werden. Vielmehr lässt sich Sprachwandel durch die Wirkung der sogenannten „unsichtbaren Hand" beschreiben, d. h. er tritt durch menschliches (Sprach-)Handeln, nicht aber durch die Absicht, Veränderungsprozesse in Gang zu setzen, ein. Auf die Pejorisierung weiblicher Personenbezeichnungen übertragen hieße das, dass auch diese keine bewusst herbeigeführten Veränderungen, sondern vielmehr ‚Nebenprodukte' insbesondere galanten Sprachhandelns sind: In dem Wunsch, Frauen besonders höflich und somit „lieber eine Etage zu hoch als zu niedrig" (Keller 2014: 104) anzureden, seien Bezeichnungen, die vorher ausschließlich zur Anrede Höherstehender verwendet wurden, inflationär auch für Frauen niederen Standes verwendet worden. Die Folge hiervon sei dann, dass höherwertige Anreden zu neutralen (z. B. *Frau*) und neutrale zu niederwertigen (z. B. *Weib*) Anreden degradiert wurden.

Demgegenüber wendet Nübling (2011: 349–354) ein, dass sich mit der von Keller (2014) herangezogenen Erklärung nur ein Teil der beschriebenen Bedeutungsverschlechterungen erklären lasse, nämlich die Deklassierung von mhd. *vrouwe* (ebenso auch von *herr(e)*). In diesem Fall sei es zu einem Verblassen der ursprünglichen, ehrerbietigen Bedeutung gekommen, was durchaus die Folge einer inflationären Verwendung der Anreden *Herr* und *Frau* sein könne. Anders jedoch bei mhd. *dierne*, *maget* oder auch *vröu(we)lin*, deren ursprüngliche Bedeutung nicht einfach (zugunsten einer neutralen) verblasst sei, sondern die eine Anreicherung durch neue, d. h. sexualisierte / biologisierte, Bedeutungskomponenten erfahren haben. In diesem Fall greife die „Theorie der unsichtbaren Hand" nicht und man müsse vielmehr davon ausgehen, dass die Entwicklung von *Dirne, Magd* und *Fräulein* zu biologisierten, sexualisierten und funktionalisierten Bedeutungen das Ergebnis von bewussten (sprachlichen) Abwertungen dieser Bezeichnungen seien. Gerade im Zusammenhang mit Sexualisierung kommt neben bewusster Abwertung aber etwa auch **euphemistischer** (verschleiernder, beschönigender) **Sprachgebrauch** als Ursache des Bedeutungswandels in Betracht, insofern mit gesellschaftlichen Tabus belegte Praktiken und Personen (z. B. Prostituierte) oft nicht direkt bezeichnet werden. Euphemistischer Sprachgebrauch gilt bspw. auch als Ursache des Bedeutungswandels von mhd. *krank* ‚schwach' zum heutigen ‚krank'.

Bedeutungswandel ist ein spannendes Thema, anhand dessen sich im Unterricht nicht nur einzelne Wortgeschichten (dazu auch Pfefferkorn 2006), sondern auch **Pfade des Sprachwandels** nachzeichnen lassen. Ein Auslöser semantischer Wandelprozesse ist, dass Sprecher von der ursprünglichen (lexikalischen) Bedeutung abweichen, um kommunikative Spezialeffekte zu erzielen. Sie bedienen sich dabei sprachlicher Verfahren, die in vielen Prozessen des Sprachwandels wirken, z.B. Metaphern, aber auch **konversationelle Implikaturen** (s. Kap. 6.3): Implikaturen basieren darauf, dass Sprecher in kommunikativen Kontexten mehr oder anderes ausdrücken, als man normalerweise mit einem Ausdruck zu verstehen gibt. Erschließt der Hörer die mitgemeinte Bedeutung, kommt es zu zusätzlichen, okkasionellen Bedeutungsanreicherungen. Wird der Ausdruck in seiner neuen Bedeutung häufig verwendet, können diese Bedeutungsbestandteile Teil der konventionalisierten / lexikalisierten Bedeutung werden. Auf diese Weise ändert sich nicht nur die Bedeutung von Einzelwörtern, sondern auch die Satzsemantik. Dies geschieht u.a. auch im Zusammenhang mit Grammatikalisierung, für die eine **Desemantisierung**, d.h. ein Verblassen der lexikalischen Semantik, typisch ist (s. Kap. 4.3). Auch zum Spracherwerb finden sich wiederum Bezüge (Bedeutungserweiterung bei Verwendung von *Papa* für alle Männer, Bedeutungsverschiebung von lokaler zu temporaler Bedeutung bei Präpositionen etc.).

6.2 Sprachwandel und Medienwandel

Sprach- und Medienwandel sind – auch im öffentlichen Bewusstsein – eng miteinander verknüpft (s. Kap. 3.1). Oft wird dabei davon ausgegangen, dass veränderte mediale Kommunikationsbedingungen (in einer berühmten Sprachverfallsklage bei Platon der Übergang zur Schriftlichkeit, heute die Digitalisierung von Schrift) zu einer Verschlechterung kommunikativer Fähig- und Fertigkeiten führten, die einem ‚Sprachverfall' gleichkomme. Besonders ausgeprägt ist die Angst vor der Veränderung zum Schlechten, wenn mit medialem Wandel deutliche Veränderung der Kommunikations- und – hiermit verbunden – auch der Lebensbedingungen einhergehen. Die aktuelle Entwicklung hin zur **Digitalisierung von Schrift und Schriftlichkeit** stellt einen solchen tiefgreifenden Wandel dar. Viele Sprach- und Medienwissenschaftler sehen daher in der Digitalisierung eine „**Medienrevolution**", die das soziale Miteinander nachhaltiger prägen wird, als dies kleinere mediale Veränderungen, wie bspw. die

Etablierung der Gattung Roman im 19. Jahrhundert und der daraus resultierende Zugang einer breiten Bevölkerungsschicht zu Literatur, zu tun vermochten.

Bei der Digitalisierung handelt es sich also um die dritte große Medienrevolution: Als erste Medienrevolution wird der bereits erwähnte **Wandel von der Oral- zur Schriftkultur** bezeichnet. Als zweiter bedeutender Umbruch in der Mediengeschichte gilt die **Erfindung des Buchdrucks** mit beweglichen Lettern durch Johannes Gutenberg. Durch die technischen Möglichkeiten der Vervielfältigung von Schriftsprachprodukten erlangte ein vergleichsweise großer Teil der Bevölkerung Zugang zu Schriftlichkeit. Musste die Vervielfältigung von Büchern vorher mühsam per Hand erfolgen, wurde nun erstmals eine massenhafte Produktion und weite Verbreitung der nun erschwinglichen Druckerzeugnisse möglich, die zusätzlich durch die Verbreitung neuer Schreibmaterialien (Papier statt Pergament) preiswerter wurden. In der Folge kam es zu einem **Textsorten- und Textmusterwandel**: Zum einen entstanden neue, auf Massenproduktion und schnelle Informationsentnahme ausgerichtete Textsorten wie z. B. Flugblätter oder -schriften. Zum anderen wurden Muster bereits bekannter Textsorten verändert und an kommerzielle Bedürfnisse angepasst.

Der vermutlich weitreichendste Nebeneffekt der Massenproduktion und -verbreitung von Schriftspracherzeugnissen hingegen war die Vereinheitlichung der deutschen Schriftsprache, wie sie für das Neuhochdeutsche und seine Orthographie charakteristisch ist. Vor der Erfindung des Buchdrucks konnte sich nur ein sehr begrenzter Personenkreis die aufwändig produzierten Handschriften leisten. Im Gegensatz zu den Drucken konnten Handschriften ein und desselben Werkes sehr unterschiedlich ausfallen. Nicht selten kam es bspw. zu Fehlern beim Kopieren von Handschriften; oftmals passten die Schreiber den Text auch bewusst ihrem eigenen Sprachgebrauch an. Der durch den Buchdruck potenziell erweiterte Adressatenkreis führte demgegenüber dazu, dass individuelle *Drucker*sprachen zugunsten von *Druck*sprachen, die die Setzung an einem bestimmten Druckort bestimmten, zurückgedrängt wurden. Dem durch den Buchdruck angeregten Medienwandel kommt somit eine zentrale Rolle für die Herausbildung des überregionalen, geschriebenen Standarddeutschen zu. So beförderte der Buchdruck bspw. die Herausbildung der satzinternen Großschreibung, ein wichtiges Schreibprinzip, durch das die deutsche Sprache weiter als Schriftsprache profiliert wurde (vgl. Kap. 5.2).

Ob die Digitalisierung einen ähnlich tiefgreifenden Wandel von Sprache und Sprachgebrauch auslösen wird, wie dies ab dem 15. Jahrhundert durch den Buchdruck der Fall war, wird sich künftig zeigen. Fest steht aber bereits, dass die veränderten Kommunikationsbedingungen und -möglichkeiten durch digitale Medien zu einem Wandel des Schreibens und somit der Schriftkultur geführt haben, der sich als weitere Demokratisierung von Schreibprozessen und Schriftprodukten beschreiben lässt: Die aufgrund von Merkmalen wie Verfügbarkeit, Erschwinglichkeit, Zugänglichkeit und Quasisynchronie vereinfachten Möglichkeiten der Kommunikation mittels digitaler Medien haben zur Folge, dass nun viel mehr Menschen schreiben, d. h. sie kommunizieren mit Freunden, Familienmitgliedern oder auch Arbeitskollegen über Messenger-Dienste, teilen ihre Urlaubserinnerungen in sozialen Netzwerken und geben in Foren Ratschläge. Die Art zu kommunizieren weist hier eine große Bandbreite auf; von **konzeptionell schriftlichen**, am geschriebenen Standard orientierten Sprachprodukten bis hin zu **konzeptionell mündlichem** und damit weniger normorientiertem Schreiben.

Gerade das informelle Kommunizieren mittels digitaler Medien, wie es auch – aber nicht nur – von Jugendlichen praktiziert wird, ist Gegenstand populärer Sprachkritik. Aus sprachwissenschaftlicher Sicht besteht hingegen kein Grund, sich um einen ‚Sprachverfall' durch die in digitalen Medien verwendete Sprache Sorgen zu machen. Orthographische Besonderheiten, wie z. B. Abweichungen in der Groß- und Kleinschreibung oder der Getrennt- und Zusammenschreibung, wie auch syntaktische Merkmale von computervermittelter Kommunikation, z. B. elliptische Satzkonstruktionen, sind natürliche Sprachmuster, die aus den besonderen technischen Anforderungen an Kurzformen wie Tweets oder SMS resultieren bzw. (selbst wenn die Zeichenbeschränkung und somit die Notwendigkeit zur Kürze nicht gegeben sind) das kommunikative Bedürfnis von Schreibern nach schneller Informationsentnahme widerspiegeln. In neueren Kommunikationsformen wie z. B. WhatsApp, Facebook-Messenger oder auf Plattformen wie Instagram lassen sich weitere sprachliche Muster identifizieren – so etwa ikonische Darstellungen von Gefühlen, Reaktionen etc. mittels Emoji oder auch die ‚Verschlagwortung' von Erinnerungen, Stimmungen etc. durch Hashtags wie *#tb* ‚throwback' (vgl. Abb. 12):

Abb. 12: Kommentare von Jugendlichen auf Instagram

Dass Jugendliche abgesehen davon durchaus in der Lage sind, zwischen konzeptionell mündlicher Kommunikation in digitalen Medien und den konzeptionell schriftlichen Anforderungen, bspw. im schulischen Kontext, zu unterscheiden, zeigt u. a. eine Studie von Dürscheid / Wagner / Brommer (2010).

6.3 Anredewandel

FAUST. *Ein Blick von dir, Ein Wort mehr unterhält,*
Als alle Weisheit dieser Welt. (Er küsst ihre Hand.)
MARGARETE. *Inkommodiert Euch nicht! Wie könnt Ihr sie nur küssen?*

Du, *Ihr* oder *Sie*? Schon beim Lesen von Texten des 18. und 19. Jahrhunderts wie Goethes *Faust I* (1808, V. 3079–3081) stolpert man über heute nicht mehr gebräuchliche Anredepronomen – etwa das Höflichkeitspronomen *Ihr*, das in der zitierten Textstelle als Anrede Gretchens für den sozial höherstehenden Faust verwendet wird. Die Tatsache, dass wir heute anstelle des Ihrzens unser Gegenüber höflich siezen, zeigt, dass unser Anredesystem einen Wandel durchlaufen hat. Neben dem heute gebräuchlichen *Sie* sowie dem bis ins 19. Jahrhundert verwendeten *Ihr* wurden Personen zeitweise auch in der 3. Person Singular (*Er*/*Sie*) höflich angeredet, während das informelle Duzen sich über die Jahrhunderte konstant hält.

Beim Anredewandel handelt es sich um ein Phänomen **pragmatischen Wandels**, d. h. es wird betrachtet, wie sich die Art der Sprachverwendung im

Laufe der Sprachgeschichte wandelt. So untersucht die Forschung zum Anredewandel, wie mittels (pronominaler) Anrede auf die angesprochene Person verwiesen wird. In vielen Sprachen stehen hierfür grundsätzlich zwei Möglichkeiten zur Verfügung: ein **nähesprachlich-informelles** Pronomen (z. B. dt. *du*, frz. *tu*) und ein **distanzsprachlich-formelles** Pronomen (z. B. dt. *Sie*, frz. *vous*). Darüber hinaus gibt es Sprachen, in denen es nur ein Anredepronomen gibt (z. B. *you* im Englischen) oder die ein stark ausdifferenziertes System mit mehreren Anredepronomen haben (z. B. das Japanische mit bis zu sechs Anredepronomen).

Für die Vorstufe des Deutschen, das **Germanische** (s. Kap. 2.1), kann aufgrund der fehlenden Schriftzeugnisse nicht sicher gesagt werden, welche Anredepronomen zur Verfügung standen und wie diese realisiert wurden. Das ahd. *Hildebrandslied*, ein Heldenlied germanischen Typus', gibt jedoch Anlass zu der Annahme, dass im Germanischen ausschließlich das *du* verwendet wurde. Im folgenden Textauszug trifft Hildebrand zum ersten Mal auf seinen Sohn Hadubrand. Keinem von beiden ist das verwandtschaftliche Verhältnis bekannt, sie begegnen sich folglich als Fremde. Dennoch sprechen sich beide durchgängig mit dem nähesprachlich-vertrauten *du* an:

(28) [...] *eddo hwelihhes cnuosles du sis.*
ibu du mi ęnan sages. ik mí de ódre uuet
‚oder (sag mir,) zu welchem Geschlecht du zählst.
Wenn du mir einen sagst, weiß ich, wer die anderen sind.'
(*Hildebrandslied*, um 830)

Der älteste Beleg für ein Höflichkeitspronomen findet sich im 9. Jahrhundert in den *Pariser Gesprächen*. Es handelt sich um das Pronomen *ir* (2. Pl.), das vermutlich analog zum lateinischen *vos* (2. Pl.) verwendet wurde. Das zweigliedrige Anredesystem aus *du* (informell) und *ir* (formell) wurde im **Althochdeutschen** aber noch nicht konsequent angewandt; es finden sich viele Belege für eine abweichende Verwendung von *ir* und *du*. Eine allmähliche Systematisierung fand erst im **Mittelhochdeutschen** statt. Die höfischen Konventionen der damaligen Zeit bestimmten, welches der beiden zur Verfügung stehenden Pronomen verwendet wurde. Sozial höherstehende wurden von niederstehenden Personen mit *ir* angeredet, während Personen niederen von Personen höheren Standes das *du* erhielten. Redeten sich Personen gleichen Standes untereinander an, verwendeten höhere Stände untereinander eher das *ir*, während niedere Stände sich eher mit *du* ansprachen. Innerhalb von Familien war es aber durchaus denkbar, dass sich auch Personen von hohem Stand duzen. Die folgende Textstelle aus dem *Parzival* Wolframs von Eschenbach zeigt dies eindrücklich. Im Kampf trifft Parzival erstmals auf seinen Halbbruder Feirefiz. Die Entdeckung der Familienbande veranlasst Feirefiz, seinem Bruder das *du* anzubieten. Dies verneint Parzival jedoch, da der hohe Stand des Bruders es für ihn verbiete, die informelle Du-Anrede zu erwidern:

(29) *du solt niht mêre irzen mich*
wir heten bêd doch einen vater.
[…] *mîn jugent unt mîn armuot*
sol solher lôsheit sîn behuot
daz ich iu duzen biete
swenn ich mich zühte niete.
‚Du sollst mich nicht mehr ihrzen,
wir hatten beide doch denselben Vater.
[…] Meine Jugend und meine Armut
sollen sich vor solcher Unziemlichkeit hüten,
dass ich Euch duze,
gegen die gebührende Höflichkeit.‘
(Wolfram von Eschenbach *Parzival*, Anfang 13. Jahrhundert)

Wie eingangs am Beispiel des *Faust I* deutlich wurde, war das *Ihr* in seiner Funktion als Höflichkeitspronomen weit über das Mhd. hinaus gebräuchlich. Pragmatisch gesehen beruht die Anrede in der 2. Person Plural auf einer Pluralis-Majestatis-Metapher: Durch die Ansprache in der Mehrzahl wird mit dem Adressierten ‚Vielzahl‘ und somit auch Macht verbunden. Eine weitere Möglichkeit der höflichen Anrede besteht darin, das Gegenüber indirekt anzusprechen. Ab dem **16. Jahrhundert bzw. frühen 17. Jahrhundert** wurden hierfür nominale Anreden (*der Herr/das Fräulein*) und ihre zugehörigen, geschlechtsspezifischen Pronomen (*er/sie*) verwendet. Was heute also als unhöfliches ‚Über-den-Kopf-hinweg-Reden‘ interpretiert würde, stellte bis ins 18. Jahrhundert hinein eine weit verbreitete Höflichkeitsform dar. Sprecher, die ihr Gegenüber nicht direkt ansprechen, sondern dies über eine (virtuelle) dritte Person tun, räumen ihm einen besonders großen Spielraum zur Gesichtswahrung ein, so z. B. in dem folgenden Auszug aus *Faust I* (V. 2605 f.): *Mein schönes Fräulein, darf ich wagen / Meinen Arm und Geleit ihr anzutragen?*

Mit *Sie* (3. Pl.) schließlich, das ab dem **18. Jahrhundert** als Höflichkeitspronomen verwendet wurde, werden beide **Höflichkeitsstrategien** kombiniert: Die der Gesichtsstützung, indem das Gegenüber im Plural angesprochen wird, und die der Gesichtswahrung, die durch die Ansprache in der 3. Person realisiert wird.

Die beschriebene Entwicklung vom germanischen bzw. früh-ahd. *du* über ein zeitweise fünf Höflichkeitsstufen umfassendes System im 17./18. Jahrhundert bis hin zu nhd. *du/Sie* bezeichnet Simon (2003) als **„Zickzack-Kurs“**, der zwischen Strategien der Pluralisierung und der Indirektheit verläuft, vgl. Abb. 13. Diesen „Pfad der Höflichkeit“ beschreiten viele Anredesysteme, jedoch kommt er in den meisten Fällen auf einer bestimmten Stufe zum Stillstand (z. B. frz. *vous* 2. Pl., ital. *Lei* 3. Sg.). Das Deutsche hingegen hat den Pfad bis zum Ende beschritten: Mit dem Höflichkeitspronomen *Sie* werden die Strategien der Pluralisierung und der Indirektheit kombiniert und somit ein Höchstmaß an Höflichkeit erreicht.

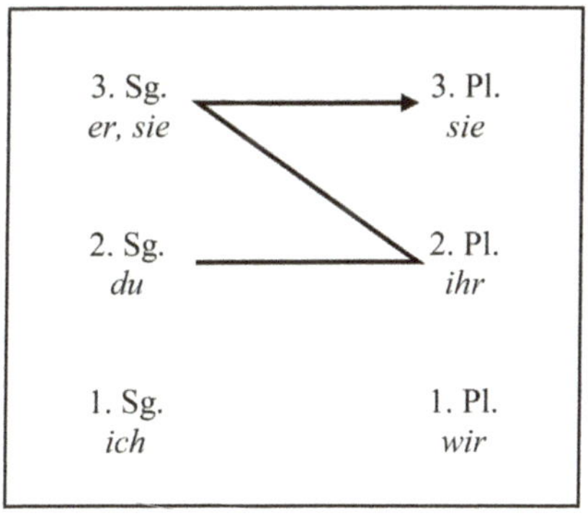

Abb. 13: Pfad der Höflichkeit (nach Simon 2003: 87)

Nachdem der Höflichkeitspfad beschritten und Pronomen wie *ihr* oder *er/sie* abgebaut wurden, stehen in der Gegenwartssprache nun zwei Pronomen zur Verfügung, die für eine eher höflich-distanzierte (*Sie*) bzw. vertraut-nähesprachliche Anrede (*du*) gewählt werden können.

Seitdem sich das zweistufige System aus *du* und *Sie* im Neuhochdeutschen etabliert hat, fand in den letzten Jahrzehnten kein nennenswerter Wandel im Anredesystem statt. Allerdings sind durchaus Veränderungen in den Gebrauchsweisen der beiden Pronomen eingetreten. Das Pronomen *du* konnte seinen Funktionsbereich gegenüber dem formell-distanzierten *Sie* ausweiten, so etwa in Form des Duzens von Eltern durch ihre Kinder (ab der ersten Hälfte des 20. Jahrhunderts) oder durch das Duzen unter Studierenden (ab der zweiten Hälfte des 20. Jahrhunderts). Besch (2003) führt diese Veränderungen auf außersprachliche Entwicklungen (externe Ursachen des Sprachwandels s. Kap. 3.1), in erster Linie eine fortschreitende **Informalisierung** zwischenmenschlicher Beziehungen im 20. Jahrhundert, zurück, die sich sprachlich in der Verringerung distanzsprachlicher Mittel wie der *Sie*-Anrede niederschlägt. Es bleibt also spannend, wie sich das zweistufige deutsche Anredesystem weiter entwickeln wird, ob etwa das Höflichkeitspronomen *Sie* in bestimmten Gesprächskontexten erhalten bleibt oder komplett verschwinden wird. Ein auch den Schülern bekanntes Sprachsystem ohne Höflichkeitsdifferenzierungen bei den Anredepronomen ist etwa das heutige Englische. Hier wurde das alte (bei Shakespeare noch geläufige) nähesprachliche Pronomen der 2. Sg. *thou* ‚du' aufgegeben und das distanzsprachliche Pronomen der 2. Pl. *you* ‚ihr' verallgemeinert, d. h. im Englischen ihrzen sich heute eigentlich alle.

Im Unterricht kann z. B. die Frage aufgeworfen werden, wie Höflichkeit in der deutschen und anderen Sprachgeschichte(n) – hier bietet sich fächerübergreifendes Arbeiten an – realisiert wurde und welche Einsichten hierdurch in die Sozial-, Kultur- und Mentalitätsgeschichte vergangener Zeiten gewonnen werden können. Um diesen Fragen nachzugehen, bietet es sich an, Schüler mit älteren Texten arbeiten zu lassen, wobei hier eine breite diachrone Spanne vom Ahd. (z. B. Auszüge aus dem *Hildebrandslied*) bis zu klassischen Dramen des 18. und 19. Jahrhunderts (vgl. den Unterrichtsvorschlag von Spuhler / Völpel 1989) denkbar ist.

6.4 Aufgaben

1. Was könnten Sie auf der Grundlage eines etymologischen Wörterbuchs wie Pfeifer (1993) und des Deutschen Wörterbuchs der Brüder Grimm (DWB) (beides online via http://www.woerterbuchnetz.de) mit Schülern hinsichtlich des Bedeutungswandels von ahd. *sêro* zu nhd. *sehr* herausfinden? Überlegen Sie, ob es heute bedeutungsähnliche Wörter gibt, und recherchieren Sie deren Wortursprung: Wo gibt es Parallelen?
2. Legen Sie in der Schulklasse oder Seminargruppe ein WhatsApp-Korpus an und untersuchen Sie dieses auf Abweichungen von der geschriebenen Standardsprache: Welche (orthographischen, grammatischen, lexikali-

schen etc.) Unterschiede fallen Ihnen auf? Wie werden diese Unterschiede in der Öffentlichkeit bewertet?

3. Untersuchen Sie einen mhd. Text (z.B. *Parzival*, *Tristan*, *Nibelungenlied*) in Auszügen und beschreiben Sie das Anredeverhalten in dem von Ihnen gewählten Text(auszug): Wer redet wen in welcher Situation wie an? Vergleichen Sie die Ergebnisse mit dem Anredeverhalten in einem Drama der Klassik (z.B. Schillers *Kabale und Liebe*). Worin bestehen Gemeinsamkeiten und Unterschiede?

7 Fazit und Ausblick

Eine der grundlegenden sprachlichen Universalien ist, dass Sprache sich beständig wandelt, d. h. es existiert weltweit keine natürliche Sprache, die als statisch zu bezeichnen wäre. Vielmehr laufen auf allen Ebenen des Sprachsystems Wandelprozesse ab. Auf den ‚äußeren' Ebenen des Sprachsystems, der Lexik bzw. Semantik und der Pragmatik, sind diese Prozesse oft am leichtesten wahrnehmbar, der Sprachgebrauch kann sich schon zwischen Generationen beträchtlich unterscheiden. Wurde bspw. in der Großelterngeneration zwischen (sich unbekannten) jungen Leuten noch gesiezt, wird hier heute das *Du* verwendet (vgl. Kap. 6.3). Und während Anglizismen heute ganz selbstverständlich Teil unseres Wortschatzes sind, dominierten in den vergangenen Jahrhunderten bis Jahrtausenden Einflüsse anderer Sprachen auf das Deutsche (vgl. Kap. 3.2). Diese und weitere Beispiele sind spannende Veränderungen, die einiges über unsere Sozial-, Kultur- und Mentalitätsgeschichte erzählen, z. B. welche Sprache zu einer bestimmten Zeit als Prestigesprache galt oder wie sich Nähe- und Distanzverhältnisse in der Anrede an ein Gegenüber spiegeln. Im sprachreflexiven Deutschunterricht kann man diesen Veränderungen nachspüren. Schnell wird deutlich, dass es sich bei sprachlichem Wandel – auch bei den im Zentrum populärer Sprachkritik stehenden Anglizismen – um Prozesse handelt, die ganz natürlich durch die kommunikativen Bedürfnisse der Sprecher gesteuert werden.

Die kerngrammatischen Ebenen des Sprachsystems, Phonologie, Morphologie und Syntax, reagieren weniger stark auf außersprachliche Einflüsse, befinden sich jedoch v. a. bedingt durch sprachinterne Ursachen u. a. im Zusammenhang mit Spracherwerb in ständigem Wandel (vgl. Kap. 3.1, 4.3). Manifest wird dieser Wandel u. a. in dialektaler oder soziolektaler Variation (vgl. Kap. 3.3, 4.2) und durch sprachliche Zweifelsfälle (vgl. Kap. 3.4). Im Zuge historischer Umstrukturierungsprozesse kann es vorkommen, dass ein älteres mit einem jüngeren Verfahren ‚konkurriert', im Falle der Verbflexion bspw. die starke mit der schwachen Flexion, in der Nominalflexion ältere und jüngere Plural- oder Kasusformen (vgl. Kap. 4.1). Infolgedessen zweifeln Sprecher, welche von beiden Formen standardsprachlich korrekt ist, und empfinden diese Zweifel oft als Zeichen sprachlicher Inkompetenz. Durch den Einbezug der historischen Dimension spachlicher Zweifelsfälle ergeben sich spannende Reflexionsanlässe, die Grammatik als historisch gewordenes und dynamisches System begreifbar machen. Gleiches gilt für den Bereich der Orthographie, in dem aufschlussreiche Parallelen zwischen historischer Entwicklung und Schriftspracherwerb bestehen (vgl. Kap. 5.1–5.3).

Wie die im vorliegenden Band aufgeführten Beispiele auf den verschiedenen Ebenen des Sprachsystems gezeigt haben, sind Sprachgeschichte und Sprachwandel aus dem sprachreflexiven Deutschunterricht nicht wegzudenken. Auf der grammatischen Ebene trägt der Einbezug der historischen Dimension dazu bei, normative Sprachbilder in den Köpfen der Schüler durch ein dynamisches und wandelbares Verständnis von Sprache zu ersetzen. Darüber hinaus können am Beispiel historischer Unterschiede Vorstellungen von der ‚einen' Standardsprache relativiert werden, indem Schülern bewusst gemacht wird, welche regionalen, sozialen u. a. Varietäten Sprache bilden und wie diese das Konstrukt Standardsprache im Laufe der Sprachgeschichte geprägt haben. Sprachgeschichts- und sprachwandelbezogene Themen im Deutschunterricht fördern an dieser Stelle also Kompetenzen, die durch eine rein gegenwartsbezogene Sprachbetrachtung nicht erworben werden.

Ziel des vorliegenden Bandes war es, orientiert an zentralen Lernbereichen des Deutschunterrichts einen exemplarischen Überblick zu geben, welche Themen sich für den Unterrichtseinsatz von Sprachgeschichte eignen und welche Kompetenzen sich anhand des jeweiligen Themas realisieren lassen. Dabei wird deutlich, dass ein differenziertes Verständnis von Sprachgeschichte und sprachlichem Wandel nur durch einen kontinuierlichen, mehrere Epochen der Sprachgeschichte und mehrere Ebenen des Sprachwandels umfassenden Unterrichtseinsatz erzielt werden kann. Auch ein exkursorischer Einsatz von Wortgeschichte(n), indem z. B. kurz aufgezeigt wird, woher ein bestimmtes Wort kommt und wie sich dieses bis zu seinen nhd. Bedeutungskomponenten entwickelt hat, kann für Schüler zwar an Ort und Stelle spannende Erkenntnisse versprechen, für eine vertiefte sprachhistorische Bewusstseinsbildung ist es jedoch unerlässlich, das an Einzelphänomenen erworbene Wissen mit der zugrundeliegenden Systematik, d. h. übergreifenden Funktionsweisen und Mechanismen von Sprachwandel, zu verknüpfen, um statt aneinandergereihter Wortgeschichten v. a. ein Verständnis für Aufbau, Funktion und Wandel des Sprachsystems zu vermitteln. In diesem Sinne stellt *LinguS 3 – Sprachgeschichte* ein an der schulischen Praxis orientiertes fachliches und didaktisches Fundament für Studierende, Referendare und Lehrkräfte bereit, das sie beim Erwerb bzw. der Auffrischung sprachgeschichtsbezogenen Wissens unterstützt und durch die kompetenzorientierte Ausrichtung gleichzeitig eine flexible Übertragbarkeit der erworbenen Einsichten auf weitere Phänomene des Sprachwandels ermöglicht.

Literaturverzeichnis

Quellentexte:

Evangelienbuch des Matthias von Beheim (1343), Univ.bibl. Leipzig, Ms. 34. (= Referenzkorpus Mittelhochdeutsch; Text M 318).

Faust I = Faust. Der Tragödie erster Theil. Bearbeitet von Erich Schmidt. Weimar: Böhlau, 1887 (Goethes Werke. Herausgegeben im Auftrage der Großherzogin Sophie von Sachsen. Abteilung I, Bd. 14).

Grimmelshausen: Simplicissimus = Der Abentheurliche Simplicissimus Teutsch. German Schleifheim von Sulsfort [i. e. Grimmelshausen, Hans Jakob Christoffel von]. Monpelgart [i. e. Nürnberg]: Fillion [i. e. Felsecker], 1669.

Hildebrandslied. In: Die kleineren althochdeutschen Sprachdenkmäler. Hrsg. von Elias von Steinmeyer. Berlin: Weidmannsche Buchhandlung, 1916 (Nachdruck Dublin / Zürich: Weidmann, 1971), 1–8.

Luther-Bibel (1534) = Luther, Martin: Biblia / das ist / die gantze Heilige Schrifft Deudsch. Wittenberg: Hans Lufft, 1534.

Luther-Bibel (1545) = Luther, Martin: Biblia: Das ist: Die gantze Heilige Schrifft / Deudsch / Auffs new zugericht. Wittenberg: Hans Lufft, 1545.

Notker, De Interpretatione = Notker der Deutsche: Boethius' Bearbeitung von Aristoteles' Schrift ‚De Interpretatione', hrsg. von James C. King. (Die Werke Notkers des Deutschen, Neue Ausgabe; 6). Tübingen: Niemeyer, 1975.

Otfrid = Otfrid von Weißenburg. Evangelienbuch. Bd. I: Edition nach dem Wiener Codex 2687, hrsg. u. bearbeitet von Wolfgang Kleiber unter Mitarbeit von Rita Heuser. Tübingen: Niemeyer, 2004.

Parzival = Wolfram von Eschenbach. Parzival. Studienausgabe, 2. Aufl. Mittelhochdeutscher Text nach der sechsten Ausgabe von Karl Lachmann. Übersetzung von Peter Knecht. Mit Einführungen von Bernd Schirok. Berlin: de Gruyter, 2003.

Tatian = Die lateinisch-althochdeutsche Tatianbilingue Stiftsbibliothek St. Gallen Cod. 56, hrsg. von Achim Masser. Göttingen: Vandenhoeck & Ruprecht, 1994.

Literatur:

Andresen, Helga (2011): Entstehung von Sprachbewusstheit in der frühen Kindheit – Spracherwerbstheoretische und didaktische Perspektiven. In: Köpcke, Klaus-Michael / Noack, Christina (Hrsg.): *Sprachliche Strukturen thematisieren. Sprachunterricht in Zeiten der Bildungsstandards*. Baltmannsweiler: Schneider Hohengehren, 15–26.

AWB = *Althochdeutsches Wörterbuch*. Auf Grund der von Elias von Steinmeyer hinterlassenen Sammlungen, im Auftrag der Sächsischen Akademie der Wissenschaften zu Leipzig begr. v. Elisabeth Karg-Gasterstädt u. Theodor Frings. Hrsg. von Rudolf Große. Berlin: Akademie Verlag, 1952 ff. (online via http://www.woerterbuchnetz.de).

Axel, Katrin (2007): *Studies on Old High German Syntax: Left Sentence Periphery, Verb Placement and Verb-Second*. Amsterdam: Benjamins.

BMZ = Benecke, Friedrich / Müller, Wilhelm / Zarncke, Friedrich (1990): *Mittelhochdeutsches Wörterbuch.* Mit Benutzung des Nachlasses von Georg Friedrich Benecke ausgearbeitet von Wilhelm Müller und Friedrich Zarncke. Stuttgart: Hirzel (Nachdruck der Ausgabe Leipzig 1854–66) (online via http://www.woerterbuchnetz.de).

Bergmann, Rolf / Nerius, Dieter (2006): *Die Entwicklung der Großschreibung im Deutschen von 1500 bis 1710.* 2 Bde. 4. Aufl. Heidelberg: Winter.

Besch, Werner (2003): Anredeformen des Deutschen im geschichtlichen Wandel. In: Besch, Werner et al. (Hrsg.): *Sprachgeschichte. Ein internationales Handbuch zur Geschichte der deutschen Sprache und ihrer Erforschung.* Bd. 3. 2. Auflage. Berlin: de Gruyter, 2599–2628.

Besch, Werner / Betten, Anne / Reichmann, Oskar / Sonderegger, Stefan (Hrsg.) (1998–2004): Sprachgeschichte. Ein Handbuch zur Geschichte der deutschen Sprache und ihrer Erforschung. 2. Aufl. Berlin: de Gruyter.

Bildungsstandards für den Mittleren Schulabschluss 2003 = Beschlüsse der Kultusministerkonferenz. Bildungsstandards im Fach Deutsch für den Mittleren Schulabschluss. Beschluss vom 4.12.2003. Hrsg. vom Sekretariat der Ständigen Konferenz der Kultusminister der Länder in der Bundesrepublik Deutschland. München: Wolters Kluwer.

Bittner, Andreas (1985): Wie schwach sind die starken Verben? Überlegungen und Vorschläge zu einer Klassifizierung der neuhochdeutschen Verben. In: Wurzel, Wolfgang Ullrich (Hrsg.): *Studien zur Morphologie und Phonologie I.* Oberlungwitz: Zentralinstitut für Sprachwiss. der Akademie der Wissenschaften der DDR, 51–74.

Böhnert, Katharina (2017): *Sprachwandel beobachten, untersuchen, reflektieren. Was Sprachgeschichte für den gymnasialen Deutschunterricht leisten kann.* Frankfurt a. M.: Lang.

Boschung, Dieter / Hellenkemper, Hansgerd (2007): *Kosmos der Zeichen. Schriftbild und Bildformel in Antike und Mittelalter.* Begleitbuch zur Ausstellung des Lehr- und Forschungszentrums für die antiken Kulturen des Mittelmeerraumes der Universität zu Köln und des Römisch-Germanischen Museums der Stadt Köln.

Braune, Wilhelm / Heidermanns, Frank (2018): *Althochdeutsche Grammatik.* Band 1: Phonologie / Morphologie. 16. Aufl. Berlin: de Gruyter.

Bredel, Ursula (2006): Die Herausbildung des syntaktischen Prinzips in der Historiogenese und der Ontogenese der Schrift. In: Bredel, Ursula / Günther, Hartmut (Hrsg.): *Orthographietheorie und Rechtschreibunterricht.* Tübingen: Niemeyer, 139–163.

Bredel, Ursula (2007): Interpunktionszeichen: Form – Geschichte – Funktion. In: Boschung / Hellenkemper (Hrsg.), 67–86.

Davies, Winifred / Langer, Nils (2006): *The Making of Bad Language. Lay Linguistic Stigmatisations in German: Past and Present.* Frankfurt a. M.: Lang.

Donhauser, Karin et al. (2005): Moutons Interaktive Einführung in die Historische Linguistik des Deutschen. CD-ROM. Berlin: de Gruyter (online unter http://www.donhauser.mouton-content.com/).

Dürscheid, Christa / Wagner, Franc / Brommer, Sarah (2010): *Wie Jugendliche schreiben. Schreibkompetenz und neue Medien.* Berlin: de Gruyter.

Duden = *Die deutsche Rechtschreibung auf der Grundlage der aktuellen amtlichen Rechtschreibregeln.* 26. Aufl. (Der Duden in zwölf Bänden; 1). Berlin: Dudenverlag, 2013.
DWB = Grimm, Jacob / Grimm, Wilhelm (1854–1961): *Deutsches Wörterbuch.* 16 Bde. in 32 Teilbänden. Leipzig: Hirzel (Nachdruck: 33 Bde. München: Deutscher Taschenbuchverlag, 1984) (online via http://www.woerterbuchnetz.de/).
Ebert, Robert Peter / Reichmann, Oskar / Solms, Hans-Joachim / Wegera, Klaus-Peter (1993): *Frühneuhochdeutsche Grammatik.* Tübingen: Niemeyer.
Ehlich, Konrad (2000): „Sprach"-Entstehung – sieben Thesen. In: *Der Deutschunterricht* 2000 / 3, 9–16.
Eichinger, Ludwig M./Rothe, Astrid (2014): Der Fall der Fälle: Entwicklungen in der nominalen Morphologie. In: Plewnia, Albrecht / Witt, Andreas (Hrsg.): *Sprachverfall? Dynamik – Wandel – Variation.* Berlin: de Gruyter, 71–97.
Elspaß, Stephan (2007): Neue Sprachgeschichte(n). In: *Der Deutschunterricht* 3 / 2007, 2–6.
Feilke, Helmut (2000): Vom Sprechen zur Sprache? In: *Der Deutschunterricht* 3 / 2000, 5–8.
Feistner, Edith / Karg, Ina / Thim-Mabrey, Christiane (2006): *Mittelalter-Germanistik in Schule und Universität. Leistungspotenzial und Ziele eines Fachs.* Göttingen: Vandenhoek & Ruprecht.
Fleischer, Jürg / Schallert, Oliver (2011): *Historische Syntax des Deutschen. Eine Einführung.* Tübingen: Narr.
Freywald, Ulrike (2010): Obwohl vielleicht war es ganz anders. Vorüberlegungen zum Alter der Verbzweitstellung nach subordinierenden Konjunktionen. In: Ziegler, Arne (Hrsg.): *Historische Textgrammatik und historische Syntax des Deutschen.* Berlin: de Gruyter, 55–84.
Fritz, Gerd (2005): *Einführung in die historische Semantik.* Tübingen: Metzler.
Fritz, Gerd / Gloning, Thomas (Hrsg.) (1997): *Untersuchungen zur semantischen Entwicklungsgeschichte der Modalverben im Deutschen.* Tübingen: Niemeyer.
Fuhrhop, Nanna (2011): System der Getrennt- und Zusammenschreibung. In: Bredel, Ursula / Reißig, Thilo (Hrsg.): *Weiterführender Orthographieerwerb.* Baltmannsweiler: Schneider Hohengehren, 107–128.
FWB = *Frühneuhochdeutsches Wörterbuch.* Begr. v. Robert R. Anderson, Ulrich Goebel, Oskar Reichmann. Hrsg. v. Ulrich Goebel, Anja Lobenstein-Reichmann, Oskar Reichmann. Berlin: de Gruyter, 1989 ff. (online via http://www.woerterbuchnetz.de).
Grimm, Jacob ([1847] 1864): Über das Pedantische in der deutschen Sprache. In: Grimm, Jacob: *Kleinere Schriften.* 1. Bd. Berlin: Dümmler, 327–373.
Günthner, Susanne (1993): „... weil – man kann es ja wissenschaftlich untersuchen" – Diskurspragmatische Aspekte der Wortstellung in weil-Sätzen. In: *Linguistische Berichte* 143, 37–59.
Hartweg, Frédéric / Wegera, Peter (2005): *Frühneuhochdeutsch: Eine Einführung in die deutsche Sprache des Spätmittelalters und der frühen Neuzeit.* 2. Aufl. Tübingen: Niemeyer.
Hermanns, Fritz (2001): Neue deutsche Sprachgeschichte. In: *Mitteilungen des deutschen Germanistenverbandes* 2 / 2001, 572–600.
Hess, Stefan / Mühlbauer, Evelyn (2011): Von *Heupferd* und *Speckfreter* und anderen Wortgeschichten. In: *Grundschule Deutsch* 32, 36–40.

Hundt, Markus (2009): Normverletzungen und neue Normen. In: Konopka, Marek / Strecker, Bruno (Hrsg.): *Deutsche Grammatik: Regeln, Normen, Sprachgebrauch.* Berlin: de Gruyter, 117–140.

Jäger, Agnes (2008): *Negation in the history of German.* Amsterdam: Benjamins.

Jäger, Agnes (2017): „Mit eynre ander manier dan nu" – Historische Variation bei Vergleichskonstruktionen. In: Konopka, Marek / Wöllstein, Angelika (Hrsg.): *Grammatische Variation. Empirische Zugänge und theoretische Modellierung.* Berlin: de Gruyter, 65–84.

Kernlehrplan Nordrhein-Westfalen Sek. I = Ministerium für Schule und Weiterbildung des Landes Nordrhein-Westfalen: Kernlehrplan für den verkürzten Bildungsgang des Gymnasiums – Sekundarstufe I (G8) in Nordrhein-Westfalen. Frechen: Ritterbach, 2007.

Keller, Rudi (2014): *Sprachwandel. Von der unsichtbaren Hand in die Sprache.* 4. Aufl. Tübingen: utb.

Kirchhoff, Frank (2017): *Von der Virgel zum Komma: Die Entwicklung der Interpunktion im Deutschen.* Heidelberg: Winter.

Klein, Wolf Peter (2003): Sprachliche Zweifelsfälle als linguistischer Gegenstand. Zur Einführung in ein vergessenes Thema der Sprachwissenschaft. In: *Linguistik online* 16, 4 / 03 (http://www.linguistik-online.de/16_03/klein.html).

König, Werner (2001): DTV-Atlas deutsche Sprache. München: DTV.

Lehrplan Thüringen 2016 = Thüringer Ministerium für Bildung, Wissenschaft und Kultur: Deutsch. Lehrplan für den Erwerb der allgemeinen Hochschulreife (http://www.schulportal-thueringen.de/tip/resources/medien/33465?dateiname=lp_gy_deutsch_aktualisierte_Fassung_090316.pdf).

Lexer, Matthias (1992): *Mittelhochdeutsches Handwörterbuch.* Zugleich als Supplement und alphabetischer Index zum Mittelhochdeutschen Wörterbuche von Benecke – Müller – Zarncke. Stuttgart: Hirzel (Nachdruck der Auflage Leipzig 1872–78)(online via http://www.woerterbuchnetz.de).

Lightfoot, David (1999): *The Development of Language: Acquisition, change, and evolution.* Malden, Massachusetts: Blackwell.

Löffler, Ilona / Meyer-Schepers, Ursula (2005): Orthographische Kompetenzen: Ergebnisse qualitativer Fehleranalysen, insbesondere bei schwachen Rechtschreibern. In: Bos, Wilfried u. a. (Hrsg.): *IGLU. Vertiefende Analysen zu Leseverständnis, Rahmenbedingungen und Zusatzstudien.* Münster: Waxmann, 81–108.

Meer, Dorothee (2013): Sprachreflexion. In: Rothstein, Björn / Müller, Claudia (Hrsg.): *Kernbegriffe der Sprachdidaktik Deutsch. Ein Handbuch.* Hohengehren: Schneider, 401–413.

Mehlem, Ulrich (2009): Die Erfindung der Wortzwischenräume. Sprachwandel in der europäischen Schriftgeschichte. In: *Praxis Deutsch* 215, 36–44.

Meisel, Jürgen / Elsig, Martin / Rinke, Esther (2013): *Language Acquisition and Change: A Morphosyntactic Perspective.* Edinburgh: Edinburgh University Press.

Müller, Astrid / Szczepaniak, Renata (2017): Grammatische Zweifelsfälle. Basisartikel. In: *Praxis Deutsch* 264, 4–13.

Niebaum, Hermann / Macha, Jürgen (2014): *Einführung in die Dialektologie des Deutschen.* 3. Aufl. Berlin: de Gruyter.
Niehr, Thomas (2002): Linguistische Anmerkungen zu einer populären Anglizismen-Kritik. Oder: Von der notwendig erfolglos bleibenden Suche nach dem treffenderen deutschen Ausdruck. In: *Sprachreport* 4 / 2002, 4–10.
Nowak, Jessica / Schröder, Etje (2017): Das Kräftemessen der Verben. Wie Schwach gegen Stark gewinnen kann. In: *Praxis Deutsch* 264, 21–29.
Nübling, Damaris / Dammel, Antje / Duke, Janet / Szczepaniak, Renata (2017): *Historische Sprachwissenschaft des Deutschen. Eine Einführung in die Prinzipien des Sprachwandels.* 5. Aufl. Tübingen: Narr.
Nübling, Damaris (2011): Von der ‚Jungfrau' zur ‚Magd', vom ‚Mädchen' zur ‚Prostituierten': Die Pejorisierung der Frauenbezeichnungen als Zerrspiegel der Kultur und als Effekt männlicher Galanterie? In: Riecke, Jörg (Hrsg.): *Historische Semantik.* Berlin: de Gruyter, 344-359.
Nützel, Nikolaus (2007): *Sprache oder Was den Menschen zum Menschen macht.* München: cbt.
Oomen-Welke, Ingelore (1998): Sprache entdecken. In: Giese, Heinz / Ossner, Jakob (Hrsg.): *Sprache thematisieren. Fachdidaktische und unterrichtswissenschaftliche Aspekte.* Freiburg i. Br.: Fillibach, 123–146.
Paul, Hermann (2007): *Mittelhochdeutsche Grammatik.* 25. Aufl. Bearb. von Thomas Klein, Hans-Joachim Solms, Klaus-Peter Wegera, Heinz-Peter Prell. Tübingen: Niemeyer.
Pfefferkorn, Oliver (2006): Geizige Arme und peinliche Prozesse. In: *Der Deutschunterricht* 1 / 2006, 46–56.
Pießnack, Christian / Schübel, Adelbert (2005): Untersuchungen zur orthographischen Kompetenz von Abiturientinnen und Abiturienten im Land Brandenburg. In: *LLF-Berichte* 20, 50–72.
Pinker, Steven (1998): *Der Sprachinstinkt. Wie der Geist die Sprache bildet.* München: Knaur.
Reis, Marga (2005): „Wer *brauchen* ohne *zu* gebraucht ...": Zu systemgerechten „Verstößen im Gegenwartsdeutschen". In: *Cahier d'Études Germaniques* 48, 101–114.
Rödel, Michael (2011): Der Sprachvergleich und die Didaktik des Sprachwandels. In: Rothstein, Björn (Hrsg.): *Sprachvergleich in der Schule.* Esslingen: Schneider Hohengehren, 27–48.
Rothstein, Björn (2010): *Sprachintegrative Grammatikvermittlung.* Tübingen: Stauffenburg.
Sayatz, Ulrike (2009): Von *Denkmälern* und *Denkmalen*, *Balkons* und *Balkonen*, *Anfängen dieses Jahres* und *diesen Jahres*: Die Vermittlung von System, Norm und Variation in der Schule am Beispiel der Nominalflexion. In: Siehr, Karl-Heinz / Berner, Elisabeth (Hrsg.): *Sprachwandel und Entwicklungstendenzen als Themen im Deutschunterricht: fachliche Grundlagen – Unterrichtsanregungen – Unterrichtsmaterialien.* Potsdam: Universitätsverlag, 65–82.
Schlosser, Horst Dieter (2004): *Althochdeutsche Literatur. Mit altniederdeutschen Textbeispielen. Auswahl mit Übertragungen und Kommentar.* 2. Aufl. Berlin: Schmidt.
Schrodt, Richard (2004): *Althochdeutsche Grammatik. Band 2. Syntax.* Tübingen: Niemeyer.
Schützeichel, Rudolf (2012): *Althochdeutsches Wörterbuch.* 7. Aufl. Berlin: de Gruyter.
Schwinghammer, Ylva (2013): Das Mittelalter als Faszinosum oder Marginalie? – Auszüge aus der länderübergreifenden Befragung von zukünftigen Lehrerinnen und Lehrern zum Thema

'Mittelalter im Deutschunterricht'. In: Miedema, Nine / Sieber, Andrea (Hrsg.): *Zurück zum Mittelalter. Neue Perspektiven für den Deutschunterricht.* Frankfurt a. M.: Lang, 195–216.

Siehr, Karl-Heinz (2009): Didaktische Perspektiven. In: Siehr, Karl-Heinz / Berner, Elisabeth (Hrsg.): *Sprachwandel und Entwicklungstendenzen als Themen im Deutschunterricht: fachliche Grundlagen – Unterrichtsanregungen – Unterrichtsmaterialien.* Potsdam: Universitätsverlag, 7–15.

Simon, Horst (2003): From pragmatics to grammar. Tracing the development of respect in the history of the German pronouns of address. In: Taavitsainen, Irma / Jucker, Andreas (Hrsg.): *Diachronic perspectives on address term systems.* Amsterdam: Benjamins, 85–123.

Sonderegger, Stefan (2003): *Althochdeutsche Sprache und Literatur. Eine Einführung in das älteste Deutsch.* 3. Aufl. Berlin: de Gruyter.

Spiekermann, Helmut (2009): *Glomm* oder *glimmte* – *frug* oder *fragte*? Den Bildungsweisen von starken und schwachen Verben auf der Spur. In: *Praxis Deutsch* 215, 25–29.

Spuhler, Felicitas / Völpel, Susanne (1989): *Du – Ihr – Er – Sie*? Die historische Entwicklung und Funktion pronominaler Anredeformen. In: *Praxis Deutsch* 96, 44–47.

Szczepaniak, Renata (2011a): Grammatikalisierung im Deutschen. 2. Aufl. Tübingen: Narr.

Szczepaniak, Renata (2011b): Gemeinsame Entwicklungspfade in Spracherwerb und Sprachwandel? Kognitive Grundlagen der onto- und historiogenetischen Entwicklung der satzinternen Großschreibung. In: Köpcke, Klaus-Michael / Ziegler, Arne (Hrsg.): *Grammatik – Lehren, Lernen, Verstehen. Zugänge zur Grammatik des Gegenwartsdeutschen.* Berlin: de Gruyter, 341–359.

Szczepaniak, Renata (2014): Sprachwandel und sprachliche Unsicherheit. Der formale und funktionale Wandel des Genitivs seit dem Frühneuhochdeutschen. In: Plewnia, Albrecht / Witt, Andreas (Hrsg.): *Sprachverfall? Dynamik – Wandel – Variation.* Berlin: de Gruyter, 33–49.

Szczepaniak, Renata / Vieregge, Annika (2017): *Dank des Internets* oder *dank dem Internet*? Kasuswahl nach Präpositionen: Genitiv oder Dativ? In: *Praxis Deutsch* 264, 42–46.

Thieroff, Rolf (2003): *Die Bedienung des Automatens durch den Mensch.* Deklination der schwachen Maskulina als Zweifelsfall. In: *Linguistik online* 16, 4/03 (online unter https://www.linguistik-online.net/16_03/thieroff.html).

Tophinke, Doris (2009): Sprachwandel. In: *Praxis Deutsch* 215, 4–14.

Wegera, Klaus-Peter/ Schultz-Balluff, Simone / Bartsch, Nina (2011): *Mittelhochdeutsch als fremde Sprache. Eine Einführung für das Studium der germanistischen Mediävistik.* Berlin: Erich Schmidt.

Wiese, Heike (2012): *Kiezdeutsch.* München: C. H. Beck.

Wonner, Sonja (2015): *Wie flektieren Schulkinder die Vergangenheitsformen starker Verben? Untersuchungen zu Dritt-, Fünft- und Siebtklässlern.* Frankfurt a. M.: Lang.

Wurzel, Wolfgang Ullrich (1994): *Grammatisch initiierter Wandel.* Unter Mitarbeit von Andreas und Dagmar Bittner. Bochum: Brockmeyer.

Ziegler, Evelyn (2009): *Ich sag das jetzt so, weil das steht auch so im Duden.* Sprachwandel als Sprachvariation: *weil*-Sätze. In: *Praxis Deutsch* 215, 45–51.

Zweifelsfall-Duden = *Das Wörterbuch der sprachlichen Zweifelsfälle. Richtiges und gutes Deutsch.* 8. Aufl. (Der Duden in zwölf Bänden; 9). Berlin: Dudenverlag, 2016.

Online-Ressourcen:

Atlas zur Aussprache des deutschen Gebrauchsstandards (AADG). Stefan Kleiner. Unter Mitarbeit von Ralf Knöbl (2011ff.). http://prowiki.ids-mannheim.de/bin/view/AADG/.

Atlas zur deutschen Alltagssprache (AdA). Stephan Elspaß, Robert Möller (Hrsg.) (2003ff). http://www.atlas-alltagssprache.de/.

Bonner Frühneuhochdeutsch-Korpus. http://www.korpora.org/FnhdC/.

Deutsches Textarchiv (DTA). Berlin-Brandenburgische Akademie der Wissenschaften (2007–2017). http://www.deutsches-textarchiv.de/.

Digitales Wörterbuch der deutschen Sprache (DWDS). http://www.dwds.de/.

Duden online. http://www.duden.de/.

Kiezdeutsch. Ein Infoportal zu Jugendsprache in urbanen Wohngebieten mit hohem Migrantenanteil: Informationen für Interessierte und Handreichungen für Schulen. http://www.kiezdeutsch.de/.

Pfeifer, Wolfgang (1993): Etymologisches Wörterbuch des Deutschen. Digitalisierte und überarbeitete Version im Digitalen Wörterbuch der deutschen Sprache. https://www.dwds.de/d/wb-etymwb/.

Handschriftencensus. Eine Bestandsaufnahme der handschriftlichen Überlieferung deutschsprachiger Texte des Mittelalters. http://www.handschriftencensus.de/.

Mediaevum. Das Informationsportal für die deutsche Literatur des Mittelalters. http://www.mediaevum.de/.

Referenzkorpus Altdeutsch (DDD). Karin Donhauser, Jost Gippert, Rosemarie Lühr (2011–2014), Humboldt-Universität zu Berlin, Universität Frankfurt am Main, Universität Jena. http:// www.deutschdiachrondigital.de/.

Referenzkorpus Mittelhochdeutsch (ReM). Thomas Klein, Klaus-Peter Wegera, Stefanie Dipper, Claudia Wich-Reif (2016), Version 1.0. https://www.linguistics.ruhr-uni-bochum.de/rem/.

SyHD-Atlas. Jürg Fleischer, Alexandra N. Lenz, Helmut Weiß (Hrsg.) (2017). http://www.syhd.info/apps/atlas/.

Wörterbuchnetz. http://www.woerterbuchnetz.de/.

Lösungsvorschläge zu den Aufgaben

Kapitel 2

1. Sie könnten die Schüler zu konkreten Wörtern, Wortformen und Satzteilen fragen, was (außer der Schreibung) hier noch anders ist, um sie dafür zu sensibilisieren, dass es verschiedene Ebenen des Sprachsystems gibt und sich auf allen Wandel zeigt, für den Beispieltext in Kap. 2.2 bspw.: *fuor* wird nicht nur anders geschrieben, sondern anders gesprochen – Laut [uo̯] gibt es im heutigen Standarddeutschen nicht mehr (Wandel der Phonologie), *uuas* vs. *war*, *imo* vs. *ihm* – nicht (nur) anders geschrieben, sondern anders gebildete Form (Wandel der Flexion / Morphologie), *hiuuiske* wird heute nicht anders geschrieben, sondern das Wort ist ausgestorben (Wandel der Lexik) etc.
2. Zur Steigerung der Motivation und um einen eigenständigen, spielerischen Zugang zu ermöglichen, könnte bspw. ein Wettbewerb in mehreren Gruppen veranstaltet werden, welche Schülergruppe in einer vorgegebenen Zeit am meisten korrekt übersetzen kann (ggf. unter Zuhilfenahme der einschlägigen mhd. Wörterbücher via http://www.woerterbuchnetz.de/, was zugleich die Wörterbucharbeit schult) mit anschließender Ergänzung / Korrektur im Plenum. Alternativ können Einzelwortübersetzungen aller Wörter auf Puzzleteilen vorgegeben werden, die die Schüler dann an den historischen Originaltext anpuzzeln, um auf dieser Grundlage den Text zu übersetzen. Dies eignet sich auch als Zugang bei einfachen althochdeutschen Beispielsätzen.
3. Bei ‚ziehen' urspr. im Imperativ Sg. wie bei etlichen starken Verben Hebung des Stammvokals ([o] > [u], [e] > [i]): ahd. *ziohan* [io̯] – *ziuh* [iu̯], mhd. (nach Nebensilbenabschwächung und Umlaut) *ziehen* [iə̯] – *ziuh* [y:], fnhd. (nach Monophthongierung bzw. Diphthongierung) *ziehen* [i:] – *zeuch* [ɔɪ̯]), später in Analogie zum Infinitivstamm neu gebildeter Imperativ *zieh* (analogischer Ausgleich: Vereinheitlichung unterschiedlicher Stammformen, Verlust der Vokalhebung, vgl. Kap. 3.4 *melk* statt *milk*). Die DWDS-Wortkurve zeigt: *zeuch* im Gebrauch stark zurückgehend ab 1870. Eine aktuelle Parallele besteht in der Tendenz zu analogischem Ausgleich des Imperativ Sg. nach dem Infinitiv-/Präsensstamm (Verlust der Vokalhebung) u. a. bei *essen*, *geben*, *helfen*, *nehmen*: *iss*, *gib*, *hilf*, *nimm* > *ess*, *geb*, *helf*, *nehm* etc.

Auskunft für Schüler: Bei manchen unregelmäßigen (starken) Verben wechselt der Vokal im Imperativ, vgl. *essen – iss*, *geben – gib*, *helfen – hilf*, *nehmen – nimm*. So war es früher auch bei *ziehen – zeuch*. Ähnlich wie heute viele Leute die (noch) standardsprachlich falschen Imperativformen *ess*, *geb*, *helf*, *nehm* bilden und damit diese Verben ein Stück regelmäßiger machen (gleicher Vokal im Infinitv und Imperativ wie bei den allermeisten Verben), ist es früher schon bei *ziehen* passiert. Bis ungefähr 1870 war aber *zeuch* noch ganz üblich, daher auch bei Schiller. Die Sprachlerner / Sprecher machen ihre Sprache ‚von sich aus' in diesem Punkt ein Stück regelmäßiger und verändern sie damit im Lauf der Zeit. Das ist natürlicher Sprachwandel.

Kapitel 3

1. Mögliche Beispiele wären:
(i) Verlust des im Ahd. noch vorhandenen th-Lautes (phonologischer Wandel) = intern verursachter Sprachwandel (Markiertheitsabbau: hoch markierter, auch z. B. von Erst- und Zweitsprachlernern des heutigen Englischen spät erworbener Laut), vgl. im heutigen Deutschen Rückgang des hoch markierten und für Erst-/Zweitsprachlerner schwer zu erwerbenden Ich-Lautes,
(ii) Im Ahd./Mhd. Fremdwort *keisur / keiser* (lexikalischer Wandel) = extern verursachter Sprachwandel durch Sprachkontakt mit dem Lateinischen (Vorlage der Bibelübersetzung: *cesar*), vgl. im heutigen Deutschen Fremdwörter v. a. aus dem Englischen,
(iii) Ahd. *uuas / uuarun*, mhd. *was / waren* > fnhd. *war / waren* (morphologischer Wandel) = intern verursachter Wandel (Markiertheitsabbau: Vereinheitlichung der Stammformen durch Analogie), vgl. Vereinheitlichung von Stammformen im heutigen Deutschen;
Anregungen für den Unterricht zur Verdeutlichung der aktiven Rolle:
Zu (i): Sagt ihr / sagen eure Freunde eher *ich, ik* oder *isch*, sprecht ihr das Wort *zwanzig* am Ende mit *ch* (= Standarddeutsch), *k* oder *sch* etc.? S. dazu auch die Karten im Atlas zur deutschen Alltagssprache (http://www.atlas-alltagssprache.de/runde-1/f14a-c/) und im Atlas zur Aussprache des deutschen Gebrauchsstandards (http://prowiki.ids-mannheim.de/bin/view/AADG/InhaltsVerzeichnis/ unter „Phänomene im Wortnebenton: Konsonant in -ig")

Zu (ii) Welche Fremdwörter verwendet ihr? Sagt ihr z. B. *ausruhen* oder *chillen* etc.? Warum? Anfertigung eines Beobachtungsprotokolls über 1–2 Tage, welche Fremdwörter die Schüler von anderen hören / lesen
Zu (iii): Sagt ihr / eure Freunde *du back-st* (wie *back-en*) oder *du bäck-st, sie schwomm* (wie *ge-schwomm-en*) oder *sie schwamm, helf* (wie helf-*en*) oder *hilf*? (ggf. Befragung anderer durch die Schüler)

2. Mögliche Beispiele für Fremd-/Lehnwörter wären z. B. *Paradies* (aus dem Persischen stammend, über das Griechische ins Deutsche gelangt) oder *Buggy* (in der 2. Hälfte des 20. Jahrhunderts aus dem Englischen entlehnt, erste, fachsprachliche Textbelege aber schon um 1890). Ein bedeutungsgleiches (oder nur bedeutungsähnliches) deutsches Wort zu finden, ist in beiden Fällen kaum möglich. Die Bedeutung des Anglizismus *Buggy* bspw. wird durch Wörter wie *Kindersportwagen* bzw. die Umschreibung *leichter, offener Wagen* oder andere Lehnwörter wie *Kabriolett* entweder nicht adäquat transportiert, bedeutet sprachlichen Mehraufwand oder ist im Deutschen ungebräuchlich und daher markiert. Ähnliches gilt für *Garten Eden* oder *Himmelreich* statt *Paradies*. Vergleichbare Erfahrungen machen Sie vermutlich auch mit den von Ihnen gewählten Begriffen.
3. Für den Sprachführer könnten die Schüler den eigenen Ort in die Karte einzeichnen und kommentieren, ob laut der Karte in ihrer Region die Komparativpartikel *als, als wie, denn* oder *wan* üblich ist. Dies könnten sie mit selbst erhobenen (bzw. in Dialektgrammatik/-wörterbuch des lokalen Dialekts gefundenen) Beispielen illustrieren oder widerlegen / ergänzen. Dabei wären Dialektbelege wie (iv) und (v) als Bewahrung älterer Muster (Komparativpartikeln *denn / wan*) im Dialekt anzusehen und *den* in (iv) in Bezug zu setzen mit *thanne* im ahd. Beleg (i) sowie *danne / denne / denn* in Abb. 8 und *wan* in (v) mit *wan* im mhd. Beleg (ii). Auch ein Dialektbeleg wie (vii) stellt ein bewahrtes, historisch älteres Muster dar (Äquativpartikel *als / as*(*se*)) und ist in Bezug zu setzen mit dem mhd. Beleg (iii) sowie *also / alse / als* in Abb. 8. Dagegen ist ein Dialektbeleg wie (vi) (Komparativpartikel *wie*) als Weiterentwicklung im Komparativzyklus gegenüber dem Standarddeutschen einzuordnen (s. Abb. 8), d. h. so wie *also / alse / als* urspr. Äquativpartikel war (s. (iii)) und später zur Komparativpartikel wurde, wird auch das urspr. äquativische *wie* hier bereits komparativisch verwendet.
4. Ein Beispiel wäre etwa der Zweifelsfall *diesen / dieses Jahres*. Hier zweifeln Sprecher, ob das Demonstrativum stark (*dieses*) oder schwach (*diesen*) flek-

tiert wird. In Sprachratgebern (vgl. http://www.spiegel.de/kultur/zwiebelfisch/zwiebelfisch-abc-dieses-jahres-diesen-jahres-a-325940.html) oder in Foren (vgl. grammatikfragen.net) wird die starke, vermutlich in Analogie zu Adjektiven wie *letzten* gebildete Form als ‚falsch' abgewertet. Analysiert man jedoch genauer, in welchem Kontext *diesen / dieses Jahres* auftritt, zeigt sich z. T. ein semantischer Unterschied: (1) *Die Erwartungen diesen Males übertrafen die Erwartungen letzten Males* (→ deiktische, ‚zum Sprecher zeigende' Funktion → Flexion wie Adjektiv). (2) *Das laufende Schuljahr war ein Erfolg. Die Erwartungen dieses Jahres übertrafen die Erwartungen des vorherigen Jahres* (→ anaphorische, ‚sich auf den Satzteil vorher beziehende' Funktion → Flexion wie Pronomen). Auf Grundlage ihrer sprachgeschichtlichen Erkundung könnten die Schüler einen eigenen Kommentar oder Forenbeitrag schreiben. Sie könnten mit den Schülern auch diskutieren, inwiefern Foren Einfluss auf den natürlichen Sprachwandel haben.

Kapitel 4

1. Möglichkeiten des Einstiegs ins Thema nominale Pluralflexion wären u. a.:
   - Umfrage unter den Schülern und / oder Befragung von Personen unterschiedlichen Alters durch die Schüler: Plural bilden lassen zu Nomen wie *Mast* (*Maste / Masten*), *Pizza* (*Pizzas / Pizzen*), *General* (*Generale / Generäle*), *Park* (*Parks / Parke / Pärke*), *Denkmal* (*Denkmäler / Denkmale*), *Hammer* (*Hammer / Hämmer*), *Magnet* (*Magnete / Magneten*), *Wagen* (*Wagen / Wägen*), *Tunnel* (*Tunnel / Tunnels*) etc., standardsprachlich korrekte Formen im Duden nachschlagen, Ergebnisse diskutieren (ggf. in Befragung sogenannter Apparent-Time-Sprachwandel in Unterschieden zwischen älterer und jüngerer Generation sichtbar)
   - zu vorgegebenen Nomen ältere und neuere Duden-Ausgaben auf Unterschiede hinsichtlich Angaben zu Pluralformen vergleichen (Normwandel), z. B. Pl. zu *Pizza* laut Duden (^{16}1967) *Pizzas* vs. laut Duden (^{26}2013) *Pizzas*, auch *Pizzen* od. *Pizze* (ital.), Pl. zu *Magnet* laut Duden (^{9}1922) *Magnete* vs. laut Duden (^{26}2013) *Magneten* und *Magnete*
   - Vergleichende Abfrage konkurrierender Pluralformen (s. o.) mit DWDS (https://www.dwds.de), DTA (http://www.deutschestextarchiv.de/) oder Google Books N-Gram-Viewer (https://books.google.com/ngrams) (Achtung: Nomen mit Nullplural sind weniger geeignet, da Singular-Formen mitgezählt werden; komplexere Suchabfrage nötig.)

▷ Beispiele für vom Heutigen abweichende Pluralformen aus einem historischen Text heraussuchen, z. B. aus im Literaturunterricht behandeltem Text wie Grimmelshausens *Simplicissimus*: *Freund* (heute *Freunde*), *Kautzen* (heute *Kautze*), *Offizierer* (heute *Offiziere*) etc., heutige Form bilden, Wandel beschreiben (Übertragung des -e-Plurals, -er-Plurals etc.), ggf. Parallelen zu heutigem Wandel finden (s. Befragung)

2. Die Sätze (i)–(iv) sind syntaktisch-strukturell ambig – die Verbstellung lässt sich nicht eindeutig bestimmen, s. Tab. 2 (zum Feldermodell s. LinguS-Band 5):

		Vorfeld	Linke Satzkl.	Mittelfeld	Rechte Satzkl.	Nachfeld	Typ
(i)	*weil*	*du*	***kamest***	–	–	–	V2
	–	–	*weil*	*du*	***kamest***	–	Ve
(ii)	*Weil*	*ehrlich*	***ist***	*ihr Wandel*	–	–	V2
	–	–	*Weil*	*ehrlich*	***ist***	*ihr Wandel*	Ve
(iii)	*weil*	*solches Laster*	**ist**	*wider die Erbarkeit*	–	–	V2
	–	–	*weil*	*solch. Laster*	***ist***	*wider d. E.*	Ve
(iv)	*weil*	*mir*	***war***	–	*berichtet worden*	–	V2
	–	–	*weil*	*mir*	***war*** *ber. worden*	–	Ve

Tab. 2: Syntaktisch-strukturelle Ambiguität der *weil*-Sätze in Aufgabe 2

Es könnte jeweils entweder Verbzweitstellung (V2) mit finitem Verb in linker Satzklammer und einem Satzglied davor im Vorfeld vorliegen oder aber Verbendstellung (Ve) mit finitem Verb in rechter Satzklammer = hier jeweils wahrscheinlicher, denn in (ii) *ihr Wandel* als Reimwort zu *Handel* wohl ausgeklammert (gereimte Texte für Untersuchung von Satzbau weniger geeignet: dichterische Freiheit), in (iii) Präpositionalphrase *wider die Erbarkeit* wahrscheinlich ausgeklammert, da im historischen Deutschen Nachfeld häufiger besetzt als heute, v. a. von Präpositionalphrasen, in (iv) eher alle Verben zusammen in rechter Satzklammer (= Ve), wobei Abfolge der Verben untereinander vom heutigen Deutschen abweicht (im historischen Deutschen und heutigen Dialekten häufig). Für eine derartige

Aufgabe sollten also entweder Textausschnitte ohne ambige Belege gewählt oder diese Fälle explizit angesprochen werden. (Sie können nicht als eindeutige Verbzweit-*weil*-Sätze gewertet werden.)

3. Ähnlich wie im Mittelhochdeutschen sind auch im Englischen Modalverben zu Hilfsverben (Auxiliaren) für Futur grammatikalisiert worden, nämlich *shall* (< ‚sollen') und *will* (< ‚wollen'), z. B. *I shall / will do that*, was in fächerübergreifendem Unterricht mit dem Fach Englisch thematisiert werden kann. Es besteht also ein sprachübergreifender Grammatikalisierungspfad Modalverb > Futurauxiliar (vgl. auch Griechisch *theli* ‚(er / sie) will' > Futurpartikel *tha*, Swahili *taka* ‚wollen' > Futurauxiliar *ta*, Chinesisch *yào* ‚wollen' > Futurauxiliar *yào*, Serbokroatisch *ht(j)eti* ‚wollen' > Futurauxiliar etc.). Hier lässt sich auch Mehrsprachigkeit im Unterricht nutzen.

Kapitel 5

1. Eine Möglichkeit für ein entsprechendes Aufgabenset wäre bspw.:
(i) kommalose, gegenwartsdeutsche Beispielsätze der verschiedenen Kontexttypen der Kommasetzung vorgeben (s. Kap. 5.1), Aufgabe: selbst Kommas setzen und angeben, wo man Unsicherheiten hatte, anschließend mit Lösungsblatt eigene Fehler identifizieren, kurzer Infotext zu Kontexttypen (mit Bezug auf die Beispielsätze), Abfolge im Spracherwerb und Fehleranfälligkeit – eigene Fehler / Unsicherheiten damit vergleichen,
(ii) gleichen Textausschnitt in verschiedenen Versionen der Luther-Bibel, z. B. 1545 und 2017 (online unter http://www.bibel-online.net/), hinsichtlich der Interpunktion vergleichen: In welchen der aus der ersten Aufgabe bekannten Kontexttypen wird Interpunktion verwendet? (Ggf. Beschränkung auf wenige Kontexttypen z. B. Reihung, appositiver Relativsatz, restriktiver Relativsatz etc.) Welche Veränderungen sind festzustellen? Kurzer Infotext zur Abfolge in der historischen Entwicklung,
(iii) Bibelausschnitt aus (ii) (online u. a. unter https://www.bibleserver.com/ oder anderen geeigneten Paralleltext z. B. *Harry Potter*) in verschiedenen Sprachen (Deutsch, Englisch, je nach Sprachkenntnissen der Schüler Französisch, Spanisch oder Italienisch, ggf. auch Russisch, Türkisch etc.) auf Kommasetzung in verschiedenen Kontexttypen untersuchen und Gemeinsamkeiten / Unterschiede in einer Tabelle festhalten;

Ergebnissicherung / Reflexion: im Plenum exemplarisch Ergebnisse vergleichen, Parallelen zwischen Spracherwerb / Fehleranfälligkeit, histor. Entwicklung und Typologie herausstellen, eigene Kommasetzung reflektieren

2. Schüler sollen zu einem verstehenden Zugang zur Orthographie gelangen. Einblicke in die historische Entwicklung von (Recht-)Schreibphänomenen können dazu beitragen, das System hinter diesen Phänomenen besser zu verstehen. Bei der satzinternen Großschreibung würde so z. B. deutlich, dass sich diese zu einem syntaktisch gesteuerten Phänomen entwickelt hat. Alle Köpfe von Nominalphrasen werden großgeschrieben, d. h. auch Konversionen, die im Spracherwerb als schwierig empfunden werden und auch in der historischen Entwicklung später großgeschrieben wurden als z. B. Namen.
3. In der Luther-Bibel 1545 sind Komposita teils zusammen- (*Feigenbletter*), teils auseinandergeschrieben (*Gottes kasten*), was verdeutlicht, dass sich die Getrennt- und Zusammenschreibung im Fnhd. noch im Umbruch befand.

Kapitel 6

1. Ahd. *sēro* bedeutete ‚mit Schmerz, schmerzlich, traurig, betrübt, hart' und hat sich zum nhd. *sehr* ‚in hohem Maße, überaus, viel, heftig' entwickelt. Diese Bedeutung ist bereits für das mhd. *sēr(e)* ‚in hohem Maße, heftig, schmerzlich' belegt. Die Bedeutung ‚schmerzlich' ist folglich im Laufe der Sprachgeschichte verblasst. Eine ähnliche Entwicklung hat *toll* (< ahd. *tol* ‚geistesgestört, verrückt') bzw. haben andere Gradpartikeln wie *krass* und *voll* in der jüngeren Sprachgeschichte durchlaufen.
2. Unterschiede im Vergleich zur geschriebenen Standardsprache können u. a. Wegfall der satzinternen Großschreibung, Fehlen von Satzzeichen (bzw. Ersetzung durch Emojis), kurze / elliptische Satzkonstruktionen, umgangssprachliche Wortwahl etc. sein. Der Sprachgebrauch in medial vermittelter Kommunikation steht insgesamt dem mündlichen Sprachgebrauch nahe und wird in der Öffentlichkeit häufig mit einem ‚Verfall' schriftsprachlicher Fähigkeiten gleichgesetzt. Sprachwissenschaftliche Studien sprechen jedoch dafür, dass Schreiber gut zwischen konzeptionell mündlichem Sprachgebrauch auf WhatsApp und Co. und konzeptionell schriftlichem Sprachgebrauch, z. B. in offiziellen Briefen, Aufsätzen u. ä., unterscheiden können.

3. In mhd. Texten wie dem *Parzival*, dem *Tristan* oder dem *Nibelungenlied* zeigt sich symmetrisches Anredeverhalten zwischen Vertretern gleichen Standes: hochstehende Personen reden einander mit *ir* an, niederstehende mit *du*. Zwischen Vertretern unterschiedlichen Standes herrscht asymmetrisches Anredeverhalten (*du* nach unten, *ir* nach oben). Dieses Anredesystem konnte jedoch pragmatisch variiert werden, etwa im Falle solidarischer Anreden (z. B. Übergang vom *ir* zum *du* zwischen Gunther und Siegfried im *Nibelungenlied*, vgl. Simon 2003: 92). In Schillers *Kabale und Liebe* ist das zweigliedrige Anredesystem auf ein viergliedriges ausgedehnt worden: neben *du* und *ihr* existieren noch die Pronomen *er/sie* (3. Sg.) und *Sie* (3. Pl.). Während *Sie* zur Anrede besonders hochstehender Personen, z. B. Präsident von Walter, verwendet wird, hat *er/sie* seine ehrerbietige Bedeutung verloren und wird nun, z. B. vom Präsidenten gegenüber seinem Diener Wurm, als verächtliches ‚Über-den-Kopf-hinweg-Reden' eingesetzt.